# 儀式效應

## 超越原子習慣的日常儀式，
## 讓你的關係、人生與事業脫胎換骨！

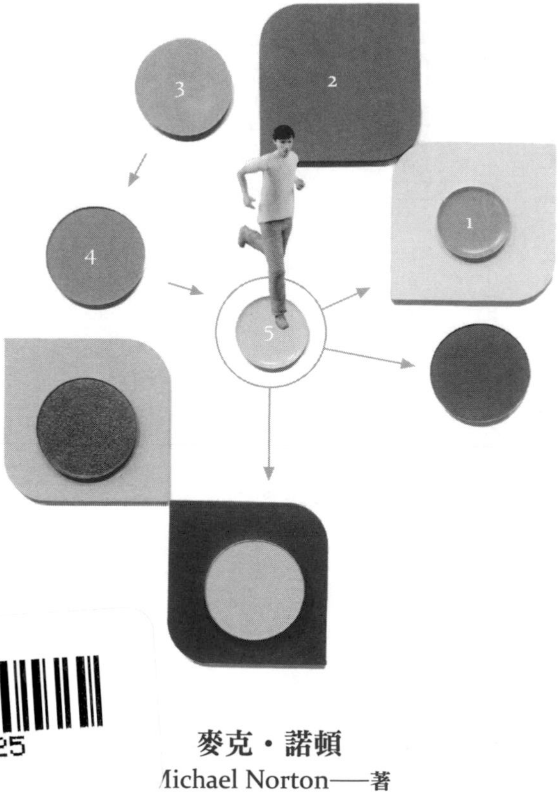




麥克・諾頓
Michael Norton——著

The Ritual Effect:
From Habit to Ritual, Harness the Surprising Power of Everyday Actions

# 目錄

## Part 3
## 儀式和人際關係



## Part 4
## 在職場和世界上的儀式

【推薦序】

# 把「習慣」升級為「儀式」

文◎Vito大叔
（圖文作家、人氣播客、設計人生教練）

在我四十五歲那年，當自己決定要成為作家的那一天，就設計了一個每日清晨寫作的儀式：

①按下鬧鐘，在心中默念倒數三十秒後起床。

②手沖咖啡，在磨豆聲與香氣中慢慢甦醒。

③打開電腦，在寫作同時慢慢小口啜飲咖啡。

④播放音樂，在接近創作尾聲的時候犒賞自己。

⑤打開窗戶，在新鮮空氣與陽光中迎接嶄新的一天。

就靠著這五個既簡單又平凡的步驟，我寫出了兩本個人作品，更一路持續創作到現在，這就是儀式所帶來的驚人效應。

無論是設鬧鐘、喝咖啡、打電腦、聽音樂、開窗戶都是我們每一天再稀鬆不過的生活習慣。但如果將這些行為透過有意識的安排、特殊的方式，或是固定的程序來執行，就會搖身一變成為一種獨特的日常儀式。

習慣的本質在於「什麼」，是一種行為，是我們平時會做的事情；儀式的本質在於「如何做」，不僅是個行為動作，還包括我們制定的特殊方式——也就是如何做。

簡單來說，習慣是將行為「自動化」的過程，而儀式則是賦予行為「生命力」的結果！

儀式的力量可以幫助我們標記我們是誰，以及我們想要變成誰。你可以透過本書中所列舉出各種千奇百怪的儀式中獲得啟發，找出有什麼可能讓乏味的日常變得更有意思，協助自己品味當下的人生歡樂，同時創造正向的心靈時光。

當親身體驗到儀式所帶來的神奇力量之後，我進一步將其擴大應用在自己的親密關係、親子相處，以及日常工作當中，嘗試在平凡無奇的生活中創造更多的儀式效應，例如像是：

● 孩子沮喪時陪伴他吃冰淇淋（搭配最愛的香草口味）
● 和伴侶約會前用心刷牙漱口（確保接吻時的好口氣）
● 在節目錄音後好好吃頓晚餐（獎勵自己的認真努力）

實驗的結果證明，透過這些小小儀式，我變得更開心、更喜悅、也更有活力了！

如果你也想替自己的每一天增添獨一無二的價值與意義，無論是透過感情儀式、家庭儀式、哀悼儀式、團體儀式，或是工作儀式，都能有效讓你的關係、人生，以及事業完全脫胎換骨。

快將那些無感的「習慣」升級成為意義非凡的「儀式」，用心創造出屬於自己的儀式效應吧！

【前言】

# 重新了解儀式的魔法

在太陽升起之前，芙蘭奈莉．歐康納（Flannery O'Connor）❶會以晨禱，以及一壺與母親共享的咖啡開始她的一天；早上七點，歐康納參加每日的天主教彌撒。同一時間，瑪雅．安傑洛（Maya Angelou）❷來到離她家不遠的一間汽車旅館房間，要求將牆上的所有畫作全部撤下來。在上午某個時候，維克多．雨果（Victor Hugo）❸會脫光衣服，並要僕人將他的衣服藏起來，直到他完成每日的寫作目標。下午三點半整（時間就是這麼精確，所以全鎮的人都以他的時間為準），伊曼努爾．康德（Immanuel Kant）❹拿著西班牙手杖踏出家門散步。到了晚上，阿嘉莎．克莉絲蒂（Agatha Christie）❺會躺進浴缸裡吃著蘋果。而在漫長一天結束時，查爾斯．狄更斯（Charles Dickens）❻會拿出隨身攜帶的指南針，確認他的床是朝著北方，然後吹熄蠟燭入睡。

你前面看到的這段話——整合了六位世界知名作家的一天作息——這些行為看起來似乎是創意的瘋狂，或者說非常古怪。這些都是他們一再重複進行並深具意義的動作。即使這些行為在你看來似乎完全隨意，但對這些作家來說，它們卻深具意義，而且行之有效。他們所有人都在進行某種形式的儀式行為。

你可能認為這種古怪的行為是創意人士，比如詩人、小說家和哲學家等工作的一部分，但我同樣可以舉出其他領域的成功人士。基斯・理查茲（Keith Richards）❼在與滾石樂隊（The Rolling Stones）登台演出前，一定要吃一塊牧羊人派——而且一定要是第一片。克里斯・馬丁（Chris Martin）❽在與酷玩樂團（Coldplay）一起演出前，總是要有條不紊地拿起牙刷和牙膏，把牙齒快速刷到潔白，才會願意離開他的梳化間，和其他成員一起上場。居禮夫人瑪麗・居禮（Marie Curie）一定要把一小瓶鐳放在床頭才能安心入睡。巴拉克・歐巴馬（Barack Obama）❾則是和好友們安排一場籃球賽以度過投票日。

現在請猜猜看，以下這兩個表演前的儀式分別屬於哪個人：

> 我會拗手指，並輕敲身體的特定部位。完成這些動作後，還會從頭到腳檢查一下自己的身體狀況。

---

> 我會閉上雙眼，想像自己和我的狗待在一起。我會把四種看到的、三種聞到的、兩種聽到和一種感覺到的事物一一列出來。

---

小威廉絲（Serena Williams）⑩？湯姆・布雷迪（Tom Brady）⑪？猜得很好——稍後我們再來看這兩人的儀式。但前面這兩個表演前的儀式只不過是兩名普通人上台報告前會做的事，他們參與了我和同事們進行超過十年時間的儀式科學調查。

我和哈佛大學及世界各地的同事——包括心理學家、經濟學家、神經科學家和人類學家——一起調查探索人類真正令人驚嘆的個人和團體儀式行為，目的是想更進一步了解這些儀式是什麼？它們如何運作？以及如何幫助我們應對日常生活中的挑戰並抓住機遇。十多年來，我們訪查了全世界好幾萬人，在實驗室裡設計實驗，甚至運用腦波儀來探索儀式的神經基礎。

本書的內容是我們的研究發現。在個人和專業領域、私人和公共領域，以及跨越文化和身分認同的場合之中，儀式都是可以讓我們充滿力量、鼓舞、提升我們自己的情緒催化劑。我們的研究將通過逐步拆解特定儀式的不同元素以揭示儀式的邏輯，並個別探究其影響。我們將會探索：儀式、習慣和強迫症之間到底有什麼區別？儀式是如何產生的？如何確保我們的儀式對我們是有利的而非不利？

我們還將探討為什麼把襪子橫著、像許多倒下的蝸牛一樣放進抽屜，就能激發出「怦然心動」的愉悅感？為什麼全家人可以把單調無聊的一頓飯菜變成幸福饗宴？為什麼像星巴克這樣的品牌可以靠著鼓勵顧客「找出儀式裡的小確幸」而獲益？為什麼無法成功的真正原因？為什麼傳統的祈雨舞和那些看似無意義的團體活動真的能起到作用？還有為什麼儀式可以令人產生這麼多不同的情緒？——我把這稱為「情緒多元性」現象——而這可以促進我們的心理健康。

至於那些堅持自己並沒有生活儀式的人，之後就會發現儀式在自己工作、與他人交際、標記重要時刻以及日常生活中扮演著關鍵角色——從你吃喝的東西，甚至到刷牙的方式，都受到它們影響。

儀式通常在我們的感知範圍之外運作，這讓我們得以享受日常生活的美好經歷。我們將看到：儀式如何幫助我們開始美好的一天，並平靜地結束；如何在生活和工作中強化我們的人際關係；在戰爭和和平時期如何發揮作用；以及如何幫助我們從機械化的生活方式轉變為更有活力的人生。

我想帶你們來趟科學探索之旅，發現構築我們日常生活基石的各種儀式。希望在閱讀本書之後，你會覺得自己有能力和工具去創建和接受自己的儀式，幫助你克服、面對和更好地應對生活中的種種挑戰，同時享受更多讓生活更有意義的時刻。

本書講述的是儀式如何豐富和改善我們的生活，讓我們的人生充滿神奇——我稱之為「儀式效應」，這也正是本書的核心思想。

❶ 編註：芙蘭奈莉・歐康納（Flannery O'Connor，一九二五～一九六四），美國女作家，其代表作有《好人難尋》、《智血》等。

❷ 編註：瑪雅・安傑洛（Maya Angelou，一九二八～二〇一四），美國作家和詩人，寫作生涯超過五十年。

❸ 編註：維克多・雨果（Victor Hugo，一八〇二～一八八五），法國浪漫主義文學的代表人物和十九世紀前期積極浪漫主義文學運動的領袖。代表作有《鐘樓怪人》、《悲慘世界》等。

❹ 編註：伊曼努爾・康德（Immanuel Kant，一七二四～一八〇四），啟蒙運動時期最後一位主要哲學家，是德國思想界的代表人物，德國古典哲學創始人，其學說深深影響近代西方哲學，並開啟了德國唯心主義和康德義務主義等諸多流派。

❺ 編註：阿嘉莎・克莉絲蒂（Agatha Christie，一八九〇～一九七六），英國偵探小說作家。據金氏世界紀錄統計，阿嘉莎・克莉絲蒂是人類史上最暢銷的作家，將所有形式的著作算入，只有聖經、莎士比亞著作的總銷售量在她之上。

❻ 編註：查爾斯・狄更斯（Charles Dickens，一八一二～一八七〇），英國十九世紀中期作家、評論家。其文學作品反映出個人的成長經驗與社會的時代脈絡，廣受當時與後世的認可與喜愛。

❼ 編註：基斯・理查茲（Keith Richards，一九四三～），英國音樂家、歌手、詞曲創作人，以及英國搖滾樂團滾石樂團的創始成員之一。

❽ 編註：克里斯・馬丁（Chris Martin，一九七七～），酷玩樂團的主唱、吉他手與鋼琴手。

❾ 編註：巴拉克・歐巴馬（Barack Obama，一九六一～），美國第四十四任總統，任期從二〇〇九年至二〇一七年，也是首位擁有非裔血統的美國總統。

❿ 編註：沙蓮娜・威廉絲（Serena Williams），美國已退役女子網球運動員、第十二位登上WTA單打排名第一的選手，並先後八度登頂，是全世界第一位網球大滿貫黑人女單冠軍。姊姊維納斯也是女

子網球選手，通常稱呼沙蓮娜為小威廉絲，姊姊則被稱為大威廉絲。

⓫ 湯姆・布雷迪（Tom Brady），已退役的美國職業美式足球四分衛，曾效力於ＮＦＬ球隊和新英格蘭愛國者和坦帕灣海盜，同時被冠以「驚人湯姆」及「球隊棟梁」的稱號。

Part 1

# 儀式的作用

# Chapter 1 什麼是儀式？

梅比：你們知道要怎麼拿到上面有「T」字的金色項鍊嗎？
麥可：那是十字。
梅比：在哪個十字路口？

——《發展受阻》劇集（Arrested Development）❶

從小到大，每個星期天，我都會與信奉愛爾蘭天主教的父母激烈爭吵，我總要努力解釋——儘管沒有一次成功過——為什麼我不需要去聖德肋教堂參加彌撒。讓我煩悶的不是彌撒過程的講道（「己所不欲勿施於人」聽起來總是很合理），而是整個流程：入場、坐下、站起來、比畫十字、坐下、站起來、走動、點蠟燭、吃聖餅、喝葡萄酒、跪下、坐下、站起來、握手、坐下、站起來、唱誦、離場。坐在我周邊長椅上的人，包括一些我最愛、最尊敬的人，都從這些動作中找到了深刻的意義。但我卻覺得自己像個機器人，只是在機械地完成這些動作而已。

那些宗教儀式對我沒什麼吸引力，但其他儀式卻很對我胃口。我喜歡的儀式和大多數人一樣，是有選擇性的。我不愛宗教節日，但超愛假期，特別是從萬聖節到感恩節再到聖誕節，最後還有新年的元旦長假。我猜你會覺得很合理：蠟燭、糖果、親戚的疼愛、沒有人管的就寢時間、禮物。當然，八歲的你肯定更喜歡這些儀式。畢竟，沒有人能夠抗拒糖果和玩具的誘惑。

但我也知道，我最喜歡的——至今仍然保有的——我家獨特的過節慶祝方式。例如每年聖誕節時，我父親會把唱機拿出來播放強尼・馬西斯（Johnny Mathis）[2]的《聖誕快樂》（Merry Christmas）專輯（一年就只為了這個節日使用一次）。感恩節時，我們會吃有三種餡料的大餐（儘管這三種我都不喜歡）。此外，還有很多非假日的儀式。例如，幾十年來，我們一直固定坐在餐桌的同一個位置（我會坐在媽媽對面，她兩旁一定是爸爸和其中一個姊姊）。如果有人敢亂坐，亂換位子坐，可就天下大亂了。當媽媽受不了我們五個孩子中的任何一個時，她會給我們三秒鐘的時間讓我們收斂；但是當她開始數數「一、二……」——我們之中一定會有人跳出來唱《Three Times a Lady》❸。當然這只會讓她更生氣。不過幾十年後她反而在我哥的婚禮上和他隨著這音樂一起共舞。現在媽媽不在了，只要聽到這首曲子就會想起她。這些特別的行為習慣不知何故變得如此重要。隨著時間的推移，這些儀式成了我家的一部分，也成了我們的一部分。

## 歡迎來到更世俗化的時代

多年後，現在看來很容易理解，當時我對傳統宗教儀式和上教堂的抗拒，以及我對許多世俗儀式的熱情接受——特別是我們家自成一格的版本——都跟當今被哲學家查爾斯．泰勒（Charles Taylor）所稱的「世俗時代」（secular age）❹的更廣泛文化趨勢一致。

以二〇二二年的美國為例，大概有三成的成年人自稱為「無宗教信仰者」——而在一九九〇年代，幾乎有九〇％的人自認為是基督徒——有些人還預測二〇七〇年以前，被認定「沒有接觸宗教」的美國人人口會等同於基督徒人口。二〇二二年一份蓋洛普（Gallup）調查指出，美國人對最高法院和宗教組織等機構的信任已經降到史上最低點。這些數據都證實一項簡單事實：二十世紀與二十一世紀，人們早已對傳統權威以及曾經告訴我們如何生活的機構普遍失去信心。

一個多世紀前，德國律師兼經濟學家馬克斯・韋伯（Max Weber）❺就曾提出會有這類趨勢出現的大膽論述。一八九七年，他醉心在一些相當枯燥的學術研究中，比如古羅馬的農業模式，然後突然精神崩潰，經常失眠。後來在他的妻子瑪麗安娜（Marianne，也是他的遠房表妹）的照料下，他開始紀錄他所稱之為現代世界的「除魅」（disenchantment）❻。他認為，現代社會的新組織原則是技術系統和官僚制度。曾經，我們的日常生活由習俗、宗教義務和儀式指導，但韋伯認為現在社會已經受到理性化程序和流程的支配。科學和技術以及它們治理的機構將取代信仰教義、迷信和其他形式的神奇思維。在他被許多人認為是他（未完成）的巨著《經濟與社會》（Economy of Society）中，韋伯警告說一個「極夜的冰冷黑暗」（polar night of icy darkness）正在降臨。在他看來，人類正在進入一個缺乏光明和溫暖，而且缺乏意義和魔力的世界。結果會是什麼呢？一個喪失儀式的除魅世界。

## 偉大的除魅

就某方面來說，韋伯的預言是準確的。他所指的那些傳統的、既定的儀式，在過去的一百年已經變得式微。然而，我們的世界卻稱不上冷靜理性，也不是完全除魅了。全球各地，包括美國，依然有很多人堅信上帝——二〇二二年約有八一％。雖然全球每六個人中就有一個自稱無宗教信仰者，但還是有許多人仍會參與宗教儀式。舉例來說，中國境內有四四％無宗教信仰的成年人表示，在過去一年中他們曾在墓地或墓碑前祭拜過。甚至對其他超自然存在，比如外星人的信仰者也在持續增加中。

很明顯的，在二十世紀晚期和二十一世紀初，開始出現許多非宗教界組織之外，世俗或沒那麼怪力亂神的儀式。在這些新興的群體活動中，有許多已經迅速形成了固定的儀式，例如前往美國沙漠的朝聖之旅，從火人祭（Burning Man）❼開始，現在還有科切拉音樂祭（Coachella music festival）[8]，還有加州索爾頓湖（Salton Sea）荒地一帶，由在地藝術社團發起的龐貝沙灘雙年藝術展（Bombay Beach Biennale）。瑜伽和健身團體也創造了類似Orangetheory[9]的「魔鬼訓練週」（Hell Week）——備受歡迎，還能確保社會凝聚力——而SoulCycle[10]則是在點滿燭光的房間裡提供傳教般的健身指導和「心靈時刻」（soulful moments）。

在新冠疫情爆發全球鎖國期間，Peloton（派樂騰，美國健身新創公司）呼應了能和其他人一起同步在家運動的集體式需求，成為了健身界的領頭羊。在家健身為各種身形的人們提供了一個虛擬空間，彷彿置身於一個汗水淋漓的幻想健身房裡一起運動、呼吸。在全美各地，經常可以看到人們穿著網路上狂賣、胸前印有「健身就是信仰」（GYM IS MY CHURCH）的T恤。

儀式也提供了更有意義的方式，讓人們遠離科技和獲取關注的力量。儀式勾勒出一個神聖的空間，使人們能與當下連結，而「我在這裡」（I Am Here）的練習邀請參加者不帶任何數位設備，純粹相聚共度時光。此活動的發起人記者阿南德．葛德哈拉德斯（Anand Giridharadas）與他的作家妻子普莉亞・帕克（Priya Parker），形容這些聚會締造了一個特別的時光，讓人們「盡情享受友誼和對話的樂趣，這是臉書無法提供的：在一個地方真實地相處，而不是只在虛擬世界中匆匆過客。」

這種與真實連接的渴望也反映在紐約布魯克林展望公園（Prospect Park）的一群青少年身上，他們每週日都會在同一個地方聚會。他們圍著木頭坐下，放下手機，共同討論彼此感興趣的書籍、分享畫本。這些年輕人是盧德社（Lueddite Club）[11]的成員，他們通過設計儀式來支持、鼓勵彼此遠離所有社群媒體，並回歸到沒有iPhone以前的生活方式，哪怕只是短短幾個小時。

另外再看看西雅圖的無神論教堂（Seattle Atheist Church），每個星期天一群無神論者會聚在一起，體驗教會的所有美好——互助團體、反思、唱誦詩歌——只是少了上帝而已。每次聚會結束時，教會的成員們坐成一圈，傳遞一隻「發言兔子」（talking rabbit）。任何想要分享感受和想法的人拿起這個圖騰物，就能夠跟大家說話。通過這些儀式，該教會的正式訴求是想提供宗教團體該有的優點，卻沒有因信仰超自然存在而引發的「認知差異」。

上述這些例子都表明，儀式在當今社會仍然活躍、健全且蓬勃發展，只不過它們已經變得與傳統對儀式的理解大相徑庭，因此常常被視為新時代的、千禧一代的，或者只是有些奇特的。此外，「儀式」這個詞顯然仍然保留著一種神聖或魔幻的氛圍，讓健身產業得以從中賺錢。現在你甚至可以聘請「儀式專家」（ritual mavens）——為企業服務的儀式顧問——並使用各種網路應用程式和平台，來進行日常冥想、感恩實踐、肯定自我和子彈筆記等等。

這些新的發展可以告訴我們二十一世紀裡「儀式」的角色定位嗎？

## 一位儀式懷疑者的故事

我一直對新興的世俗儀式抱持著懷疑態度，就如同小時候對那些傳統儀式一樣。一開始，它們並沒有引起我的興趣。儘管這些世俗儀式在我們的文化中崛起，但在我作為行為科學家職業生涯的早期，研究儀式的想法從未在我腦海中浮現過。我喜歡設計嚴格控制的實驗，這樣就可以將現象拆解到最基本的要素，孤立出關鍵變數，並評估這些變數對各種結果的影響。我的研究主要集中在量化不同的消費習慣——無論是花在自己身上還是他人身上——對我們幸福感的影響，評估政治宣傳影響我們對政治人物的看法，以及研究大腦中哪個區域負責我們的胡思亂想。

在實驗室裡測量「儀式」的影響困難重重，這點不僅讓我感到困惑，許多同樣處在行為科學裡的研究夥伴也是如此。當我想到「儀式」這個名詞時，腦海裡浮現的是那些豐富細膩、高度精心設計、為特定文化量身訂做的實踐，通常還有好幾世紀的歷史背景，似乎不可能用同樣的科學方法來解析。因為如果去除了這些文化和歷史，還剩下什麼可以進行研究呢？

即使在我最早對儀式如何運作以及其原因進行探索時，依然認為自己是一個儀式懷疑者。什麼是儀式懷疑者？或許你已經知道了。我們周遭都有很多朋友或家人仰賴著儀式過日子——或許連人生都是。就像芙蘭奈莉・歐康納，他們可能會在固定的時間，用特定的方式開始一天，並且持續一整天，直到像查爾斯・狄更斯一樣，在另一個特定的時間結束他們的一天。但我不是這樣的人。我每天起床的時間不同，吃飯的時間不同，休息的時間不同，上床睡覺的時間也不同——我的生活方式中完全沒有任何儀式感。我當時是這麼認為的。

直到有一天發生了一件事。我不應該說事情，應該說，是我的女兒。她出生之後，我立刻而且毫不猶豫地變成了迷信的瘋子。以前上床只是一系列乏味但實際的行動，比如用牙線剔牙、把手機充電等等，但現在這變成了一個大約十七個步驟的儀式，只為了一個重要的目標：讓我的孩子入睡。這步驟當中有幾個重要角色：我、妻子、小豬玩偶、棕兔兔，尤其是灰兔兔。還有幾首重要的歌曲：我妻子在威瓦營區（Camp Wewa）露營時經常唱巴迪．霍利（Buddy Holly）的《Everyday》（我女兒稱之為「雲霄飛車歌」）、詹姆斯．泰勒（James Taylor）的《Sweet Baby James》（我女兒稱它為「牛仔歌」）。甚至有幾本神聖的書籍：《月亮，晚安》、《饑餓的毛毛蟲》，對了還有《噢，你能想到的事！》。還有一些重要的系列動作：慢慢地把她抱上床，讓她對樓梯說晚安，問問樓梯們還需要什麼東西，然後小聲重複地說「噓」，直到她睡著為止。（我深信我的「噓」聲是全世界最讓她安心的東西，甚至錄了下來反覆播放，讓我可以提前結束這個儀式。）

連續幾個月，每個晚上我都得重複這些步驟，因為我女兒需要。就像任何一個儀式一樣，我恪遵這些步驟的順序，不斷重複。如果稍有疏忽，我就認為女兒整晚都會難以入睡。正如大多數儀式一樣，我的行為中也多少有點隨興——為什麼是兩隻兔寶寶，卻只有一隻小豬玩偶？為什麼沒有《哦，你將去的地方！》？為什麼是樓梯而不是廚房家電？即使當時並不清楚，但我們很少遺漏任何一個步驟。因為風險太高了。我強烈感覺到，如果我們試圖改變，或者簡化流程，一切的努力非常可能毀於一旦。簡略或變化可能達不到重要的催眠效果——然後我們只能重新來過。

時間慢慢過去後，我開始用更理性的眼光看待這每晚的睡前儀式。我到底在做什麼？這個儀式不僅是為了女兒，也是為了我自己。我一直以來都在執行這一系列嚴格而精確的步驟，深信它們能有所作用。在夜復一夜的儀式後，我們開始相信它的力量，能讓我們從傍晚轉換到夜晚，喚起孩子的睡意。不知何時，我不再是一個堅定的儀式懷疑者，竟然成了真正的儀式信徒。

當意識到這個轉變的當下，我開始思考：每天在街上碰到的人們，是否也依賴著虛構的儀式？這些儀式是否真的有效？如果是，為什麼？如何有效？除了像Peloton和Orangetheory這樣的健身團體形成的儀式化團體，以及遠離人們在火人祭尋求集體興奮之外，是否還有其他像我這樣自稱懷疑者的人，實際上卻過著充滿未被承認的儀式力量的日常生活？

我女兒的睡前儀式讓我驚訝地意識到，我對儀式的理解可能大多是誤會，甚至是謬誤——是的，儀式當然包括那些一代傳一代的宗教傳統和儀式，但也可以是那些自發形成的古怪行為。我自己就是活生生的例子，任何看似固定的行為都有可能成為一種儀式。儀式的觸發器是需求，不一定需要傳統和祖先的支持。

身為新手父母的我，本能地採用了儀式來安撫我生命中最年幼的人類入睡——同時也安撫了自己的焦慮不安。我曾經探查過儀式這個概念，如今身為科學家的我更需要理解這些儀式背後到底發生了什麼。如果人們能即興創造出自己的儀式，而這些儀式仍然可以影響他們的經歷和情緒，那麼儀式究竟是什麼，它們又是如何運作的？這些種種疑問讓我感到非常好奇，我打算要追根究柢找出答案。

## 儀式從何而來？

除了兒時的宗教儀式經驗外，我對儀式的認識大部分來自於人類學和其他社會科學研究。人類學（ethnographic method）的研究方法就是描述和觀察人類的行為，然後試圖理解這些行為背後的原因。這些研究大多由西方學者在研究非西方文化時產生的，尤其是研究那些經過時間考驗、傳統接受的儀式。這些儀式是大家一提到儀式時通常會想到的那種，我稱它們為「傳統儀式」（legacy rituals）。

這些研究雖然很精彩，但並沒有讓我更進一步了解女兒的睡前儀式。我的祖先並沒有把玩偶的知識傳承給我，在古典文獻中也沒有任何提及。我漸漸明白，**儀式可以是一種完全個人化的設計體驗**。

當我調整自己對儀式的認知及接受後——不僅包括那些神聖不可褻瀆的傳統儀

式，也包括個人自發性構建的行為——我開始在周遭隨處都能看到它們。就像我試圖在女兒睡前營造出平靜的環境，個人和群體也常常會利用眼前能用的道具、慶祝活動和戲劇效果。有時他們會改編傳承的傳統儀式，有時會發想出新的儀式，甚至兩者兼而有之。

在傳統範疇裡這些儀式不會莫名其妙出現。儀式就是儀式：當告訴你坐下、站起和跪下時，你就照做，吃被告知可以吃的食物，因為你身邊的人都是這樣做，將來也會一直這樣做。然而，在我和女兒的經驗中，讓我對儀式有了截然不同的思維方式。人們在時間洪流中不斷創新他們的儀式，好符合當下他們手邊能取得的資源和材料。也許那些代代相傳的傳統儀式並不適合每個人，就像小時候我在教堂裡的經驗。又或者是當時需要的東西還沒有出現，甚至是因為世界給了人類一個全新的問題——比如二十一世紀流行的疫情。

這種研究儀式科學的方法——也就是個人可能會在某個時刻表示「我要用不同的方法」——讓我直接進入了行為經濟學的領域，也就是個人如何做出決策的科學。

我的博士研究是社會心理學，後來在麻省理工學院的史隆管理學院（Sloan School of Management）研究行為經濟學。當我初次到達那裡時，剛剛才取得博士學位，我簡直像發現了知識領域的香格里拉，那裡有著各種好奇和慷慨的人，他們提出各種出乎意料的古怪問題，只為了探索人們是如何做出決策的。在這種自由的知識氛圍裡，我第一次接觸到了可能可以用來衡量儀式的方法。

以前都以為儀式與群體、文化密切相關，幾乎不可能用科學的實證方法加以研究。畢竟你不能隨便把一些實驗受試者分到一個文化中，把其他人分到另一個文化中。（「好，這組的每個人現在都是迦納人，那組的人現在都是巴西人。」）然而，要進一步從個人決策的角度來探索儀式，我突然發現可以利用行為經濟學裡的「愚蠢還是睿智？」（Foolish or wise?）準則來檢視儀式的效用。如果你的目的是為了能有不同感受，那花時間進行這個儀式是愚蠢還是睿智之舉？如果你的目標是與身邊親愛的人有所連結，或者達到敬畏和超然的感覺，那麼儀式是否合理呢？開門見山吧——直接問他們的目的，檢視他們採用的儀式到底有沒有成功幫助他們達成目標——於是我開始看到了研究方向，沿途的麵包屑讓我可以用不同的方式來檢測儀式的效果。

就當我深入研究行為經濟學的邏輯時，又遇到了另一個對我的思維產生深遠影響的重要因素。剛來到麻省理工學院時，校方讓我使用媒體實驗室（Media Lab）的辦公空間。這間實驗室一直以來都是科學家、藝術家、夢想家和發明家創造故事的空間。這裡的核心是創造東西——不管是技術、人類體驗，還是系統——遠比研究或寫論文更為重要。這個實驗室的精神一直是關於在現實空間運用實際材料進行設計：一種「要能帶出場不然就別做」（Demo or die）的態度。這是我學術生涯中第一次開始把社會科學看作不只是理解人類在其自然環境中的努力，也是積極設計、改動環境的過程——我當時開始了解——這或許可以作為一種新的儀式思維方式。在二十一世紀，人們為了各種原因設計出儀式化的體驗——從強尼・馬西斯和蘇斯博士（Dr. Seuss）⑫，到蘋果和牧羊人派，他們充分利用一切可用的資源。

然而，直到在哈佛商學院取得教授一職之後，我才開始認真考慮研究儀式的影響。當我在思考關於儀式體驗可能的新概念時，發現了加州大學柏克萊分校當代社會學家安・斯威德勒（Ann Swidler）的研究。在她的書《談論愛情》（Talk of Love）中，收錄了八十八個她在一九八〇年代於加州北部針對已婚、單身和離婚男女的訪談。斯威德勒分析了人們是如何創造出即興儀式來表達愛和承諾——這些儀式的來源包括組織化的宗教、新時代思想、流行歌曲的歌詞和好萊塢電影的場景。

這種非正式、即興而起的儀式——利用儀式獨特的效用以產生不同的情感狀態——與媒體實驗室的創造精神不謀而合。最重要的是，這更貼近我自己的經驗，儀式可以信手捻來。我自己設計儀式的感覺像是拼湊（bricolage）——我利用手邊現有的資源（像是絨毛玩具和樓梯）。斯威德勒對人類如何利用周圍世界的創新理論，給了我一個更好理解儀式如何能既包含古老傳統又生成全新行為的框架。她稱之為「文化行動」（culture in action）。

## 文化行動：擴展你的儀式範本

在斯威德勒的分析中，儀式——即便是最古老和傳統的——都是一個人「文化工具箱」（cultural tool kit）中的可用資源之一。人們會用各種方法從他們的文化拼湊出回應和行動。舉例來說，婚禮一定要有燕尾服、白色婚紗以及傳統誓詞。對斯威德勒的一些受訪者來說，依著正規婚禮儀式是再正常不過的事。這種儀式會引發出適合當下該有的情感——戀愛、承諾和喜悅。然而，對於其他參加正式婚禮的人來說，傳統的儀式可能讓他們感到不自在——覺得虛偽或做作。這使他們無法充分地體驗這個場合應有的各種情感。斯威德勒的觀點是，這些種種不同的反應精確地反映了文化如何在我們的行動中運作。與其順從於一個單一的集體「文化」，放棄了個體，我們更像有策略性地從內部操縱著自己的文化工具箱，有時充滿真誠的熱情，有時帶著無聊、矛盾，甚至明確的反諷和反叛，就像音樂家寇特・柯本（Kurt Cobain），堅持穿著格子睡衣在夏威夷海灘上舉行婚禮。

文化行動的框架為我的儀式研究開啟了明確的方向。與過去的民族誌學家和人類學家不同，而我對大型公共活動，或宗教性活動的既有儀式並不太感興趣。我想知道的是人們在日常生活中是如何使用和體驗儀式的。如果我們最珍視的許多儀式都是個人私有的——個性化和獨特的——那麼儀式的特徵是什麼？我們如何將一個儀式與整天進行的其他例行公事和任務區分開來？儀式究竟是愚蠢之舉，還是睿智之行？儀式真的能夠改善我們的生活嗎？

我發現要回答儀式是什麼，最好的方法就是探討什麼絕對不是儀式：儀式並不是習慣。

## 習慣vs儀式：習慣自動化，儀式則賦予生命和意義

我最早觀察到儀式和習慣有所差別是在看牙醫的時候。當時我正和醫師討論他的刷牙習慣理論——我也很努力在他的手指間嘟囔著回答——我的牙醫告訴我，只要快速看一下患者的口腔，他就能知道該患者的刷牙習慣。許多人開始刷牙時精力充沛，所以前面的牙齒的牙垢比較少，但隨後就力不從心了，後面的牙齒就留下許多牙垢。我開始重新檢視自己的刷牙方式——我是否也是那種一開始很認真之後懈怠的人？是從左邊還是右邊開始刷起？還是從前面刷到後面？——我也開始思考一大堆其他的日

常生活習慣，從穿衣服到洗碗、通勤到用電腦，還有以下這個現在要對全世界讀者的提問：

問題：當你早上起床（或準備睡覺）時，你會：

A：先刷牙再洗澡？

B：先洗澡再刷牙？

我在所有演講場合都會對觀眾們提出這個問題。從德國到巴西，挪威到新加坡，西班牙到加拿大，從麻薩諸塞州劍橋到英國的劍橋，甚至在一個滿是行為經濟學家〔包括兩位諾貝爾獎得主：丹尼爾・康納曼（Daniel Kahneman）[13]與理查・賽勒（Richard Thaler）[14]〕場合。每次發現結果將近五比五時我都會覺得很驚奇。這兩個重要活動安排的順序怎樣才「正確」，似乎所有人都沒有共識。（值得注意的是，有一小部分人回報他們會在洗澡期間順便刷牙。）

然後我會要求觀眾們想像自己用不同的順序完成這兩個動作。如果你是先洗澡再刷牙的人，就想像從刷牙開始。如果你是先刷牙再洗澡的人，則想像從洗澡開始。

問題：順序顛倒讓你有什麼感覺？

A：無所謂。

B：我覺得很怪，但又不知道是哪裡怪。

如果你的回答是A，那麼完成這些行為更接近是一個早晨的例行事項。你需要洗澡，也需要刷牙，但不論哪一個先都不會影響到你。這些是你定期要做的事情，目的就是把它們做完。但如果你回答B，在順序顛倒時感到奇怪，即便你無法解釋，那麼這種行為順序對你來說就變成了一個儀式。早晨的梳洗流程不只是讓你乾淨、健康的自動化習慣，還是一個具有情感和心理共鳴的儀式，對你來說，重要的不只是做這些動作（刷牙和淋浴），還包括如何做——具體來說，是以什麼順序做這些事情。

那麼，是什麼讓一個行為成為儀式而不是習慣呢？

## 習慣的核心在於「做什麼」

習慣就是我們在日常生活中做的事情：刷牙、上健身房、吃深綠色蔬菜、處理電子郵件、支付帳單、在該（或不該）睡覺的時間睡覺。當我們成功地用一個好習慣取代了壞習慣，就會希望這個好習慣能夠自動化。我們會毫不費力，甚至不自覺地執行這些日常例行事項，讓我們從A點走向B點。例如，避免在工作休息空檔吃雙倍巧克力奶油餅乾、減少使用社群媒體、每天早上先運動三十分鐘、整理房間等等——結果，我們達成了重要目標（減重、集中注意力、避免家務多到做不完）。

## 儀式的核心在於「如何做」

儀式不僅僅是行動本身，更是我們執行這個行動的特定方式——也就是「如何做」。對我們來說，重要的不僅僅是完成這個行動，還有我們完成的方式。儀式也是深刻而內在的情緒。不同於大多數的習慣，儀式會引發各種情緒，有時是正面的，有時是負面的。例如，當人們正確地執行完成自己的早晨儀式，他們會覺得自己「一早有好的開始」，而且「準備好迎接新的一天」。而那些早晨儀式被打亂的人——比如，你最愛的牙膏或麥片正好用完，只好先用另一半喜歡的品牌，或者是被其他人搶先淋浴，霸占了熱水，那他們會覺得一整天「都不對勁」。根據我和同事們曾做過的腦部影像研究顯示，當我們觀察到其他人的儀式與自己不同時，會覺得自己的儀式才是正確的，同時促進腦部裡與懲罰相關區域的活動。

在區分儀式和習慣的不同時，我們發現沒有一組行為是只屬於儀式的，另一組則只是習慣而已。**真正的差異在於我們賦予這些行為的情感和意義**。兩個人可以做一模一樣的事，普通到像是沖泡咖啡。對這個人來說，這只是達到目標的手段——用最快速度提神，這是「做什麼」。但對於那個人而言，重點在於「如何」沖泡咖啡：粗研磨、絕對不能中研磨或細研磨，或者他還堅持只使用法式壓濾壺。對前者來說，這是一種自動化的習慣；對於後者來說，則是一個有意義的儀式。

行為改變科學能夠幫助我們理解習慣的「做什麼」和儀式的「如何做」之間的區別。在一九三〇年代，自稱為「激進派行為主義者」的心理學家B・F・史金納（B. F. Skinner）[15]首次確立了「刺激、反應、獎勵」這三階段順序是形塑他所謂「操作制約」（operant conditioning）[16]的關鍵。我們都是從成長環境的正面和負面強化中學習的。當我們獲得一個令我們滿足的獎勵時——例如跑步，跑完之後會感受到腦內啡（Endorphin）激增——我們的行為就得到了正面強化。然後我們會期待再一次獲得這樣的獎勵，於是重複這種行為。當我們不斷通過跑步獲得快感時，就會開始渴望這種體驗。

在《為什麼我們這樣生活，那樣工作？》（The Power of Habit）[17]一書中，查爾斯・杜希格（Charles Duhigg）認為這種渴望正是習慣循環（habit loop）背後的驅動力。良好的習慣往往難以保持，直到我們進入習慣循環，此時這個習慣就自動化了——也就是不費力氣且無需思考。把習慣看作是對我們每天遇到的挑戰和誘惑的老練解決方案：朋友傳來的短訊干擾我們對工作的專注；現烤可頌麵包的香味引誘著我們想再吃一份早餐；或是在難熬的一天後難以抵擋熬夜追劇的誘惑。如果我們的習慣與健身、高效率和健康的獎勵一致，我們就不再會去關注這些環境的刺激了。就如可靠的演算法——若P則Q——我們的大腦會將我們重新引導到熟悉的行動中。如果在上班期間手機傳出聲音，那我們就會調成靜音模式；如果麵包店剛出爐的香味會讓我們口水直流，我們會快步走到對面，遠離那誘人的氣味。諸如此類的習慣都很有幫助，在行為經濟學領域裡，這種介入便是如今眾人皆知的「助推理論」（nudge）[18]，會透過類似的運作原理來塑造我們的行為。推力透過設計「選擇環境」以確保我們的行為能與長期目標一致，以保持良好的習慣——例如說自動撥款至你的四〇一（K）[19]退休福利計畫，或是設計更小的碗盤來減少自己的飲食量。

這種得來不易的自動化確實帶來許多好處。我們沒有多餘的時間去為每天做的決策受苦掙扎，但我漸漸發現自己開始思考，這些決策會讓我失去什麼。難道「若P則Q」這種演算法的回應才是追求幸福、人生意義或愛情的最佳方式嗎？而沒能確切執行好的習慣就一定是錯的嗎？還是說享用邪惡的甜點其實也是另一種成功？

儘管良好的習慣對於優化生活的某些方面非常有幫助，但終究還是有其既有的侷限性，將我們桎梏在環境提示、例行事務和獎勵的機械領域中。

湯姆．艾力森（Tom Ellison）[20]在McSweeney網站上反諷健康的文章標題就寫得很清楚：「我已經把自己的健康最佳化到讓我的人生盡可能過得又臭又長。」對於最佳效率的執著，讓我們看不見許多儀式的獨特行為讓人生更愉悅、更有意義。就像從黑白影像切換到彩色影像（Technicolor）一樣。**良好的習慣能使我們自動自發，讓我們完成該做的事；而儀式則讓我們有所啟發，豐富和陶冶我們，讓我們的生活更令人神迷。**

## 儀式成為情緒生成器

儀式天生帶有情感的特質，這使得它們能夠產生生動的影響力。心理學家伊森·克洛斯（Ethan Kross）和艾倫·威德曼（Aaron Weidman）指出，情緒就像是我們滿足特殊需求和任務的工具：悲傷時，我們會打開電視看最喜歡的肥皂劇重播，讓自己感到快樂；寂寞時，我們會想尋求擁抱，與其他人建立聯繫。但我們無法隨意控制自己的情緒，這有其限制性。當我們感到悲傷或沮喪時，不能只是命令自己變得快樂；當我們感到壓力時，勸告自己冷靜也往往沒有作用。通常我們需要採取行動，要去做某件事（比如去看場電影或出門散個步、聽自己最愛的音樂），來改變或增強我們的感受，這正是儀式的作用。把儀式看作是我們情緒的生成器，一旦特定的一組動作與特定的情緒產生關聯時，這組動作，即儀式，就能夠喚起相應的情緒，就像廚房裡的酵母種子一樣。

充滿良好習慣的一天，能讓我們感到生產力十足和自信滿滿。不過習慣在提供生活中最豐富情感體驗方面的能力是有限的。這種多樣性至關重要——原比我本來想像的要多很多。在我與喬迪．葵德巴赫（Jordi Quoidbach）等同事的研究中發現，我們情緒體驗的多元性——我們稱之為「情緒多樣性」（emodiversity）——與我們的幸福感有著可測量的正向關聯。情緒多樣性類似於生物多樣性，用於描述物理生態系統的健康程度，取決於其特徵物種的相對豐富度和多樣性。舉例來說，一個生態系統如果捕食者過多而獵物過少，就無法持續發展，因為無法動態平衡生態系統。

想像一下，我要求你列出一天之中所經歷的所有情緒，不論是正面（如喜悅或自豪）和負面（如憤怒或厭惡）都要，同時也要告訴我當天整體的幸福感。我們的研究結果顯示，不同面向的情感多元性——滿足、歡樂、興高采烈、敬畏和感恩，還有悲傷、恐懼和焦慮——共同構成了更豐富的情感生活，並與我們的整體幸福感密切相關。顯而易見，一天中有三個喜悅時刻，比起有兩個喜悅和一個焦慮時刻要更好。而事實上，像喜悅和滿足這樣的積極情緒確實是美好生活的指標。但是，我們對三萬七千多人的研究結果卻給了我們一個不一樣且不那麼直觀的看法。我們同樣採用量化生態系統生物多樣性的研究方法，發現我們經歷多樣性和相對豐富的情緒——不僅是積極的正面情緒——其實可以用來預測我們的幸福感。

我們對於情緒多樣性的研究結果與當代文化對於「習慣」在生活中扮演管理角色的假設形成了鮮明對比。確實，習慣可以幫助我們更接近所設定的目標——增加肌肉量、不再熬夜追劇、減少蛀牙——但在傳導各種感受上可能就不見得有用了。根據情緒多樣性研究顯示，我們對於情緒工具箱的各種面向或範疇可能關注不足。用繪畫來解釋會比較容易些。只使用基本原色（紅、藍、黃）就能創作出非常精彩的藝術創作——最著名的便是畢卡索大量應用了藍色。不過人類也能感知到無數不同、各自深淺的光影，那就要使用完整色譜的各種色彩。習慣就像是基本原色的紅色、黃色和藍色，而儀式則為我們帶來了更豐富的色彩體驗——比如鮮豔活潑的虞美人紅（coquelicot），或是可以吸收將近百分之百可見光更深暗的梵塔黑（Vantablack）。

研究情緒的研究員也逐漸接受我們的情緒範圍遠遠超過該領域專家保羅・艾克曼（Paul Ekman）在一九六〇年代鑑定的七種基本情緒——憤怒、驚訝、厭惡、享樂、恐懼、悲傷，還有不久前才確立的輕蔑（contempt）——不過直至今日，關於情緒類別的總數尚無共識，有些情緒研究者認為總共有二十七或二十八種情緒，其他人則認為高達一百五十種。

無論是哭泣、發洩憤怒，還是體驗敬畏和驚奇，在我看來，儀式是人類召喚情緒工具箱最多、最廣泛也最有成效的工具。儀式提供了把許多再平凡不過的行為一個轉型的機會，好比早晨梳洗、做家務，或是每天運動，讓這些習以為常的自動化活動轉變成有生命的體驗——增加愉悅、驚奇或平靜。

不過，儀式是否能夠透過行為科學的工具測試如何在生活日常裡運作？我以行為經濟學的框架思考，並受到媒體實驗室創客精神的啟發，決定深入研究這個議題。於是開始設計能檢測儀式在世界扮演之角色以及紀錄其效果的方法——不論是在實驗室裡或其他地方應用。

第一步是確定如何評估儀式的效果，衡量它對我們主觀體驗的影響。在我的學術生涯裡，我應用過各種不同的方法，但我發現研究主觀體驗的最佳方法其實就是最簡單的：直接問人。早期我在研究幸福感時就開始這樣做了，我會問人們：「你××時有多幸福？」——選項是花錢、摺紙青蛙，甚至是對整體生活的幸福感。

## 傳統儀式與自創儀式

按照這個邏輯，我對儀式的科學調查經常從簡單地詢問人們是否有任何儀式開始，以及他們對這些儀式的感受。多年下來，我和研究團隊調查了全美成千上萬的人，無論老少、是否有宗教信仰。我們問他們是否會在特殊場合或人生階段裡依賴儀式，比如與伴侶共度浪漫時光、和家人一起歡慶節日，還有下班後和同事一起努力減輕工作壓力等。

很多人提到的儀式都是來自文化、家庭或宗教的傳統儀式。這些既有的儀式承載著祖先或宗教的傳承，而且跨越了時間和空間，聯繫了個人與群體：當我們這麼做時，我們不僅是自己，而是與所有曾經唱過同樣歌曲、以同樣方式握手、點燃同樣蠟燭、踏著同樣步伐行走的人們融為一體。傳承儀式強而有力地控制了我們的想像力，而且數量實在太多了——不論是在排燈節（Diwali）㉑時在德里街頭上跳舞，為亡靈獻上焚香、糕點，還是在逾越節（Pesach）㉒宴會上吃著無酵餅（Matzo）等——通過特殊的服裝、燈光、音樂、舞蹈和食物，層層疊加出豐富的感官體驗，從而創造出社會凝聚力。

不過，我們一再看到的情況是，人們不見得一定會堅持不可侵犯、古老的傳統儀式——他們會自己打造全新的，或至少有部分是屬於自己的儀式。就如我和妻子在逐步進行的過程中，即興調整了女兒的睡前儀式一樣。我把這些獨特且新穎的做法稱為「自創儀式」（DIY rituals）。

有些親密關係的儀式把伴侶的感情更加穩固：我們親吻時總是三次。我也不知道是什麼時候開始的，但經過二十二年，如果不是三次，感覺真的很奇怪。

還有一些獨特而令人感動的哀悼儀式：我每週會清洗父母的車一次，就像他們還在世時所做的那樣。

為了準備表演而進行的儀式：我深吸了幾口氣，然後開始「甩動」身體，甩掉所有負面能量。

結束一天的儀式：下班後的淋浴，我一定會想像整個醫院變成液體，不停轉動最後流入排水孔。

我們在調查美國人日常的儀式生活後發現，儀式不但非常普遍，而且還獨樹一格，充滿情感。與普遍的假設相反，包括我自己的，儀式不僅僅是被動接受的一套指令或劇本，同時也是我們適應和創造的實踐，從構成我們文化工具箱的各種資源中挑選的結果。

## 確定你是誰，建立你的儀式風格

除了作為情緒生成器的角色外，許多自創儀式還通過將我們與社會科學家稱的「身分認同運作」（identity work）聯繫而累積意義。這些儀式多半是個人獨有的，創造時會激發出掌控感，運用這種主導權表達獨特的自我意識。我們做事的方式，就算是再細微、最世俗的事情——這個「如何做」，我稱之為儀式風格。我可能正好有個每天都會跑步的習慣，但我綁鞋帶的儀式讓我擁有身為跑者的認同。另一半和我可能有每天一起吃晚餐的習慣，而使用我們一起在陶藝課上製作的碗盤組讓我們更有伴侶的樣子。我的父母和兄弟姐妹可能有每年一起慶祝聖誕節的習慣，但在唱片機上播放強尼·馬西斯的歌曲，讓我們更有一家人的感覺。簡而言之，儀式的「如何做」——也就是我們獨特的儀式風格——正是生活的意義之一。

隨著研究的進展，我深刻意識到這些儀式與我們身分的認同，以及儀式的所有權竟然如此重要。

❶ 編註：《發展受阻》（Arrested Development），是 Mitchell Hurwitz 為 Fox 創作的一部美國電視情境喜劇。該劇敘述了 Bluth 一家的故事，由二〇〇三年一直播放到二〇〇六年，共播出三季，自首播以來，該劇獲得六項艾美獎、一項金球獎，二〇〇七年，被《時代》雜誌評為有史以來最偉大的一百部劇集之一。

❷ 編註：強尼・馬西斯（Johnny Mathis，一九三五～），美國流行音樂歌手，共七十三張專輯進入 Billboard 排行榜，也獲得了葛萊美終身成就獎，並因三張唱片入選葛萊美名人堂。

❸ 編註：《Three Times a Lady》，美國歌手萊諾・李奇（Lionel Richie）一九七八年的歌曲。

❹ 編註：《世俗時代》是查爾斯・泰勒（Charles Taylor）撰寫的一本書，該書由哈佛大學出版社（Harvard University Press）於二〇〇七年出版。

❺ 編註：馬克斯・韋伯（Max Weber，一八六四～一九二〇），德國社會學家、歷史學家、經濟學家、哲學家、法學家。與卡爾・馬克思和艾彌爾・涂爾幹一起被公認為現代西方社會學的奠基人。

❻ 編註：「除魅」有時也稱為「祛魅」，是指剝去附著在事物表面上那層虛假的東西。韋伯認為，巫術是不理性的。廣義上來說，巫術也是宗教的一環，但在狹義上來說，巫術和原本的宗教間有所差異。比起巫術，宗教的合理性更高，因此韋伯會說除魅化。在韋伯的觀點中，所有類型領域的理性化原型，就是這個「世界的除魅化」（Entzauberung der Welt）。（資料來源：https://www.thenewslens.com/article/150002/page3）

❼ 編註：火人祭（Burning Man），是一年一度在美國內華達州的黑石沙漠舉辦的九天活動，開始於美國勞動節前個週六，結束於美國勞工節當天。火人祭這名字始於週六晚上焚燒巨大人形木像的儀式。這個活動被許多參與者描述為是對社區意識、藝術、激進的自我表達，以及徹底自力更生的實驗。

❽ 編註：科切拉音樂祭（Coachella music festival），自一九九九年起，每年四月在美國加利福尼亞州印

第奧市舉行的音樂節，由美國安舒茨娛樂集團（AEG）旗下 Goldenvoice 主辦，以強大的音樂陣容、多元化的音樂類型及音樂與時尚潮流的結合作為賣點，每年賣出超過二十萬張門票，是全球規模最大、最知名及盈利最高的音樂節。

❾ 編註：Orangetheory，是一家位於佛羅里達州博卡拉頓的美國精品健身工作室連鎖店。

❿ 編註：SoulCycle，是 Equinox Group 旗下的健身公司，提供室內自行車和動感單車健身課程。

⓫ 編註：盧德社（Lueddite Club），紐約一所高中的一小群學生反思之下所成立了一個社團，他們認為數位原生年輕人，大多數時候都活在別人的生活裡，而在牛津字典裡，盧德，是「反對新的工作方式、特別是新工具的人。」

⓬ 編註：蘇斯博士（Dr. Seuss，一九〇四～一九九一），美國著名的作家及漫畫家。

⓭ 編註：丹尼爾．康納曼（Daniel Kahneman，一九三四～二〇二四），以色列裔美國心理學家。由於在展望理論的貢獻，獲得二〇〇二年諾貝爾經濟學獎。於二〇一一年出版暢銷書《快思慢想》。

⓮ 編註：理查．賽勒（Richard Thaler，一九四五～），美國經濟學家，是行為金融學的最知名的理論家之一。其在行為經濟學的卓越貢獻，獲得二〇一七年諾貝爾經濟學獎。

⓯ 編註：史金納（B. F. Skinner，一九〇四～一九九〇），美國心理學家，新行為主義的主要代表。史金納是操作制約學習理論的創始人，也是行為治療法的先驅。

⓰ 編註：操作制約（operant conditioning），是一種由刺激引起行為改變的過程與方法，又稱為工具制約或工具學習。是個體「主動」改變環境的行為，當行為得到獎勵或懲罰時出現刺激，反過來控制這種行為。

⓱ 編註：《The Power of Habit》繁體中文版《為什麼我們這樣生活，那樣工作？》，二〇一二年由大塊文化出版。

⓲ 編註：助推理論（nudge）是行為經濟學的一種理論。決策者可以利用人類在決策（不僅僅是經濟決策）

中使用的思維捷徑知識來思考，這樣環境的微小變化更有可能使人類做出更好的決策。

⑲ 譯註：美國於一九八一年創立的延後課稅退休金帳戶計畫，僅開放私人公司僱員使用。此帳戶由雇主申請設立，員工每個月的薪水會有一定比例的數額自動放入退休金帳戶。等到員工離職時，可以選擇把這筆款項撥入個人的退休金帳戶或是新公司的四〇一（K）帳戶。

⑳ 編註：湯姆．艾力森（Tom Ellison，一九七八～），威爾斯男演員。二〇一五年主演美國影集《路西法》（Lucifer）使他的知名度大升。

㉑ 編註：排燈節，又譯為萬燈節、印度燈節，也稱光明節，或屠妖節，是印度耆那教、印度教與錫蘭教慶祝「以光明驅走黑暗，以善良戰勝邪惡」的節日。於每年印度曆八月裡或八月前一週的第一個新月日（即十月下旬或十一月上旬）一連五天舉行。

㉒ 編註：逾越節是猶太人的節日，紀念上帝讓猶太人獲得自由，不再受埃及人奴役。

# Chapter 2 你投入什麼，就會得到什麼

除非去做，不然什麼都沒有。

——瑪雅．安傑洛（Maya Angelou）

我辦公室書架上放了一個我在藝術工作坊製作的小型石雕。報名這個課程時我充滿幹勁，但在上第一堂課時，我驚訝地發現其他學生跟我不一樣，他們都很有天賦。每次上課，我都會四處張望，羨慕地看著那些來自大學各個領域的天才雕刻家，他們自信滿滿地坐在那裡，輕鬆地從石塊中創作出優雅、栩栩如生的人體雕像。而我的小石雕，既不像人體的任何部分，也不太像什麼具體的東西。

即使如此，自從研究所畢業後，每次要搬家時，我都會特別小心地用泡泡袋包好這個小石雕，然後把它放進箱子裡，帶到我的新家。我知道它還不夠格放在博物館，

如果我在別人的桌子上看到同樣的雕塑，我可能會問這是不是他家孩子做的。也就是說，這不是什麼偉大的藝術創作，大多數人甚至不會把它稱作藝術品。但就算如此，這個石雕是我做的，是屬於我的東西。

我對這個手工小石雕的重視，可以用諾貝爾獎得主、行為科學家丹尼爾・康納曼與理查・賽勒發現的稟賦效應（endowment effect）❶現象來解釋。他們在一系列實驗中隨機給人們一些物品，如杯子、巧克力和棒球比賽入場券，結果發現，只要擁有某樣東西，我們就會比如果這東西不是我們的時候更重視它。人們寧願花更多錢保留自己已經擁有的杯子，而不是去買一個一模一樣的新杯子。沒有人真的需要多一個杯子，但一旦我們擁有了它──它成為我們的──我們就很難捨棄它，就像我無法輕易捨棄這個不起眼的石雕一樣。

而我對這個石雕的感情，還反映了另一個稟賦效應無法完全解釋的心理現象。我投入了很多心血在製作它。儘管成果不怎麼樣，但我確實在那門石雕課上辛苦了好幾個星期。當我開始冷靜地回顧這段努力時，我發現自己在想，我對它的情感投入是否因為我耗費了大量精力。這個問題一直模模糊糊地存在於我心中，直到我讀到二十世紀中期關於工業食品和快速烹飪的文章——更具體地說，是關於雞蛋和剛出爐蛋糕的關係時，這個問題才變得清晰起來。

## 全心投入在烤蛋糕上

一九五六年，Street & Smith出版的烹飪與生活雜誌《Living》，展示了便利新時代的來臨，他們帶著讀者回顧十九世紀是如何烤蛋糕的。該雜誌詳列了繁雜的製作過程，需要所有在場人員的幫助以及兩個工作天——把糖敲碎、葡萄乾去核、煮牛奶等等，數十項前置作業都要完成後，才能把烘焙材料放進攪拌碗裡。在文章的結尾，編輯提醒讀者，他們應該對一九五六年最先進的廚房心懷感激：「只要打開一盒蛋糕粉，加入液體，插上攪拌器的插頭，調整烤箱到合適的溫度，然後就可以放輕鬆到一旁看書了。」

然而，就在這種能讓人們休閒娛樂時間變多的文章發表之時，蛋糕粉的銷售並沒有什麼起色。其實，蛋糕粉早在二次世界大戰後即問世，不過當時的女性還無法接受。一九四七年，全美各地的超市大約售出了七千九百萬美元的蛋糕粉。到了一九五三年，銷售量翻倍，超過了一億五千萬美元。蛋糕粉似乎被設定成是家家戶戶的必備糧食，每個美國廚房的櫥櫃裡一定都存好存滿。

然而，就在幾年後的一九五〇年代中期，蛋糕粉的銷售突然停滯，原因不明。那些全職在家照顧小孩的年輕家庭主婦，應該是這些簡易預拌產品的最佳銷售族群，但蛋糕粉對這些新手家庭主婦似乎沒有什麼吸引力。

通用磨坊（General Mills）子公司，同時也是蛋糕粉市場裡最大的公司之一Betty Crocker，對銷售銳減的狀況憂心忡忡。該公司特別聘請了維也納心理學家歐內斯特・迪希特（Ernest Dichter），希望他能找出明明是完美烘培的簡便產品，為什麼無法吸引年輕婦女的原因。迪希特曾是佛洛伊德[2]的信徒，他帶著自己的消費者研究機構「動機研究中心」（the Institute for Motivational Research），運用在佛洛伊德門下學到的心理分析技巧，探究了消費者的潛意識思維和下意識的渴望。這種全新的市場調查方法就是所謂的「焦點團體」（focus group）[3]。

迪希特在Betty Crocker的焦點團體中發現，年輕婦女覺得蛋糕粉的做法太過簡單，因為不需要花什麼心力，她們不覺得適合用在自己的烘焙上。「是的，我用了一包蛋糕粉，」有位女性有些不好意思怯懦地跟迪希特說，「這產品真的省了我不少麻煩，但我實在不應該這麼做。」在另一組焦點團體中，迪希特的同事留意到其中一位女性在講述自己的烹飪習慣時，說了一個「佛洛伊德式錯誤」（Freudian slip）[4]：「特別是我趕時間時，我反而喜歡那些需要花時間的食物。」她的話顯示了她的真實感受。而後愈來愈多女性開始坦承使用這種省時的蛋糕粉會有內疚感。在二十世紀中葉的美國，對年輕婦女來說，花時間在廚房裡——更具體地說，是花時間自己烘烤蛋糕——才是愛的表達方式。一九五三年一份蓋洛普的問卷訪查就把蛋糕列為「真正能考驗女性烹飪功力」的第二位，僅次於蘋果派。

經過幾個星期分析這些婦女的夢想和渴望後，迪希特給Betty Crocker的行政團隊一個建議：讓主婦有更多事情可以做。他告訴他們，如果不增加一些努力，她們永遠不會對烤箱裡出來的產品感到滿意。根據迪希特的建議，Betty Crocker的團隊就重新調整蛋糕粉的配方，把裡面的蛋成分剔除。現在，烘焙者不僅需要加液體，還要在使用電動攪拌機之前在碗裡打一顆新鮮的蛋。消費專家稱這一刻正是Betty Crocker蛋糕粉蓬勃發展的轉折點——料理包歷史上的一個重要時刻。這點小小的額外努力，只是多了一個步驟，就能讓女性在烤蛋糕的過程感到更投入。

不過現實世界可沒有這麼簡單：Betty Crocker與它「只需打一顆蛋」的蛋糕粉，還有競爭對手Philsbury推出的完整蛋糕粉，分別在一九五〇和六〇年代瓜分了蛋糕粉市場。即使「只需打一顆蛋」的創新作法沒有什麼可取之處，或是不被所有消費者買單，迪希特的研究確實掌握了主婦在廚房時的一個永遠真理，他知道她們想在自己的工作上盡力，多投入一些心血——儘管只是打一顆蛋——也能把便利烹調的食品轉型成愛的付出。

這個概念非常吸引人，所以我們規畫一個研究來加以驗證。我的同事席美娜・賈西亞拉達（Ximena Garcia-Rada）注意到，網路上對於使用SNOO的新生兒父母有非常激烈的敵意——這是一種能自動哄搖嬰兒入睡的智慧嬰兒床，讓父母不必自己動手哄孩子入睡。有人寫道：「如果你需要那種設備，那你就不該生孩子。」還有人說：「你們應該好好照顧孩子，不要再當個偷懶的爸媽。」經過一系列的研究之後，我們發現不只是憤怒的評論者會對這種讓照護變得輕鬆的產品有負面，就連照顧者本身也覺得自己如果選擇輕鬆不費力的產品時，就無法展現出自己對孩子的愛。我們發現，唯一能提升父母願意主動求助的方法，就是把原本的行銷口號「有了SNOO就能輕鬆╳╳╳」，改成能夠認可父母有盡力的「你提供╳╳╳，SNOO給你○○○。」

## IKEA效應：自己製作的東西會更珍惜

Betty Crocker和SNOO的故事證明了人們更喜歡自己努力過的產品，而不是輕鬆得來的。我想探討這種願意費力的傾向是愚蠢還是明智，即使我們確實省下了一些時間，但是否因此而犧牲了其他重要的東西？於是我和同事們決定用最世俗、標準化、客觀、你能想像到最不需要被喜歡的品項來做實驗：一個原本設計用來放置ＣＤ的

IKEA黑色收納盒（在我們研究之時，這已經是個被淘汰的產品）。

我們在美國東南部的一所大學進行了一個實驗，招募了兩組共五十二名受試者。每位受試者會收到五美元的報酬，並被分配到兩個不同的組別中。第一組是「檢查組」，他們拿到了一個已經完全組裝好的普通黑色盒子。第二組是「組裝組」，他們拿到了一個未組裝的盒子，還有組裝說明書，被要求自己組裝。

這些盒子被檢查和組裝完成後，我們詢問這兩組人他們願意為這個盒子支付多少錢。那些只是檢查盒子是否已完成的人願意支付〇・四八美元，而那些自己組裝的人則願意支付〇・七八美元——增加了六三％。在更多的研究中，還有一些要自己動手摺的紙青蛙、紙鶴，以及樂高積木，我們發現受試者都認為自己親手製作的物品更有價值。

「IKEA效應」解釋了為什麼我仍然珍惜自己的手工雕塑品，以及為什麼許多人仍然捨不得放下那個多年前在陶藝課上做的有瑕疵的馬克杯。這些物品不僅是我們的所有物——同時也是我們花了一番努力製作它們——因此我們會更加珍視它們。

在發現IKEA效應的研究成果發表十多年後，它已經成為普遍公認的心理現象，甚至影響了流行文化。當IKEA效應出現在電視競答節目《危險邊緣》（Jeopardy!）上成為最終問題二〇五六四一的答案時，我非常驚訝：「該『效應』以這家成立於一九四三年的公司命名，指的是消費者在經過動手操作後讓該產品價值增加。」

一群發展心理學家組成的團隊甚至進行了後續研究，想知道兒童在哪個年齡區段開始展現IKEA效應。他們讓六十四個三至六歲的孩子玩兩個不同的泡棉玩具怪獸。孩子們透過指導協助製作了第一個玩具怪獸，但第二個玩具怪獸只是簡單地拿過。這些孩子也會展現IKEA效應嗎？研究發現，五、六歲的孩子確實給自己做的怪獸玩具比較高的評價，但三、四歲的孩子則沒有這種表現。這研究成果顯示年齡稍大的孩子會展示出IKEA效應，因為他們已經有了更成熟的身分認同感，這使得他們把這些泡棉製造的小怪獸與自己的身分聯繫在一起，從而增加了這些玩具的價值感。

## 「自己動手」的力量

當我們開始詢問人們有關他們生活中的儀式時，我們發現DIY（自己動手做）的儀式對當事者來說特別重要。他們展現了我們所認定的IKEA效應，一種心理現象。傳統儀式是現成的，就像那些預先組裝好的IKEA盒子一樣，我們並沒有參與它們的製作。從某種意義上說，傳統儀式也是預先組裝好的。但我們的個人儀式呢？它們是訂製的，是我們自己製作了它們，不一定是完全從零開始，而是利用了手邊現有的材料。比如下面的這對夫妻，他們利用不同時令的居家釀酒工具組，打造出個人化且充滿意義的儀式：

> 每次季節轉換的時候，丈夫和我就會釀造自己的啤酒。我們會挑選一款釀啤酒工具，根據當時的季節或節日選擇合適的啤酒款式（夏天是淡啤酒，聖誕節可能就是味道深邃的黑啤酒）。這不僅讓我們迫不及待地迎接新的季節或節日，還提供了我們可以品嚐的美酒。在實際釀造過程中，我們還會各自分

擔特定的任務，每次都能參與其中。

無論是烤蛋糕、一個完全不起眼的ＣＤ收納盒，還是自釀的啤酒，付出的努力總能帶來更多的愛。經年累月過去，我們每個人都發展出了在生活中最平凡時刻裡的獨特方式——就是這些習慣構成了我們的儀式特色。這些行為不僅是我們在世界中投入自我的重要方式之一，也豐富並加深了我們的生活體驗。

下面是幾個多年以來別人跟我分享的儀式範例：

這一切都始於我們剛結婚的第一個冬天。那天晚餐過後，我們分享了最後一顆富士蘋果。因為冰箱裡還剩下一包黑巧克力，我們決定把它加進我們的臨時甜點裡。甜與苦，黑與白。她說這樣很有詩意，我們笑了起來。第二天晚上，我們又重複了這個小儀式，為什麼不呢？然後我們開始有意識地計畫：我們會買蘋果——富士蘋果——還有同樣以金色錫箔紙包起來的黑巧克力。

隨著時間流逝——無數夜晚、好幾個季節，最後行之有年——我們每天晚飯後都會吃蘋果和黑巧克力，這小小的習慣成了我們的獨特標誌。這就是我們的生活。

---

二〇二〇年三月當紐約封城時，我們所有的志願者決定一起堅持，在整個新冠疫情期間都維持食物銀行的開放服務。我們當然都很怕——畢竟二〇二〇年初春那幾個月我們對病毒還一無所知——但如果不這樣做結果會更糟。那些依賴我們提供食物的人會怎樣呢？當我們在三月第三週聚在一起準備開門，看到外面排隊等候的飢餓人群，很多夥伴都哭了。從那一刻開始，我們全部站著圍成一個圈，開始相互擁抱。然後，我們從未討論過，但每次聚在一起服務時，我們都會重複這個團體擁抱。如今，三年過去了，每次我們準備打開大門迎接人群時，我們仍然站著圍成一圈，相互擁抱。這感覺像是一個新開始的承諾，但也有著沈重和失落。因為這個擁抱，讓我們知道自己的身體有多脆弱——現在仍然如此。每個星期二的下午一點五十五分，你都能

在那裡找到我們。這一個擁抱，只是為了感受一切：我們所有人經歷的一切——不僅是在紐約，還有全世界的每一個角落。

這些調查指出，人們自製的儀式可能和那些伴隨著誦經、蠟燭、音樂、壯麗建築、彩色玻璃窗和古代經典的傳統儀式一樣，甚至更有意義，這一發現開啟了我們探索儀式在生活中究竟扮演著什麼角色的全新問題和調查方式。為什麼要選擇季節性的自釀啤酒工具組？為什麼要選擇蘋果和黑巧克力？為什麼每個星期二下午一點五十五分就要來個團體擁抱？我們發現，即使是虛構的儀式也可能對情感產生深遠的影響。

於是我們開始設計控制實驗，使用完全沒有文化或宗教意義的全新儀式來進行研究。這種方法讓我們能夠將受試者帶進實驗室，請他們參與我們的其中一個儀式（或不參與），並開始評估這些儀式是否真的會影響我們的經驗，進而改變我們的生活。

---

❶ 編註：稟賦效應（endowment effect），或稱厭惡剝奪，形容當一個人擁有某項物品或資產時，對該

物品或資產的價值評估要大於沒有擁有這項物品或資產的時候

❷ 編註：佛洛伊德（Sigmund Freud，一八五六～一九三九），奧地利心理學家、精神分析學家、哲學家、性學家，精神分析學的創始人，二十世紀最有影響力的思想家之一。

❸ 編註：焦點團體（focus group），也稱焦點小組、焦點群眾，是質性研究的一種方法，就某一產品、服務、概念、廣告和設計，通過詢問和面談的方式採訪一個群體以獲取其觀點和評價。

❹ 譯註：弗洛伊德式錯誤，又稱為動作倒錯，是精神分析學中的一個概念，由佛洛伊德最早提出。他認為平時不經意出現的口誤、失憶、筆誤等都不是沒有意義，其實正是受到潛意識的影響。

Chapter 3

# 儀式效應

那些聽不見音樂的人認為那些跳舞的人瘋了。

——弗里德里希·尼采（Friedrich Nietzsche）❶

拉斐爾·納達爾（Rafael Nadal）是全世界球迷公認最厲害的網球選手之一。這位三十七歲的西班牙選手長期以來都是泥地之王——此時他已經拿下公開賽史上單一球場最多連勝紀錄——許多球迷更認為他是史上最偉大的網球選手。

納達爾還有另一項著名的事蹟：他那引人注目、獨特的儀式。其中最為人所知的就是他調整內褲的動作，《GQ》雜誌甚至稱他為「史上最著名的內褲調整王」。但那只是他一連串動作中的一部分，其他還包括拉衣服、撥頭髮和抹臉。有一場特別煎熬的賽事，整套動作他總共重複了一百四十六次。而且納達爾在每次比賽之前，都要吃能量果膠。他會先把包裝撕開，折起側邊，然後分四次擠完吃掉，他這些行為看起來似乎不只是為了達成某個目標——「為了比賽我需要吃掉這包補給品」——他的動作似乎都是隨性使然。為什麼要擠四次？為什麼不是三次或五次？為什麼不先撥頭髮再拉衣服？為什麼每次都要調整內褲？

納達爾解釋這些動作可以讓他有心理優勢：「我可以不需要做這些，但如果我這麼做，就表示我很專注。」有些人會爭論納達爾這些怪異行為是迷信還是強迫症——或是兩者皆有。如果要解釋納達爾為什麼會有這些特定的行為，那就要回顧七十五年前的美國心理學家史金納所提出「刺激、反應和獎勵」習慣養成的理論。在那個不太知名的實驗中，史金納設計了一個裝有控制桿和開關的箱子，只要鴿子或老鼠啄到或拉動，就會有食物跑出來。

在世人稱之為史金納箱的實驗中，他創造了一種環境，利用獎勵調節實驗動物的行為，讓牠們一步步朝著預定的目標前進。他訓練鴿子按壓槓桿、拉動繩子，每做對一步都會給牠們食物獎勵。他甚至逐步訓練鴿子轉圈，最終還讓牠們完成一些驚人的壯舉，比如打乒乓球。史金納成為強化學習重要性的方法論之父，他稱之為「操作制約」（operant conditioning）。如果一個行為導致不好的結果，就會盡量避免；如果有很好的成果，那就做更多一些。當鴿子啄動槓桿時會出現了一大堆食物，那鴿子的行為就被強化，於是牠會繼續搖著槓桿。

然而，在一九四八年，史金納改變了做法。他挑選了一群被餵飽的鴿子，然後讓牠們處於持續的飢餓狀態——讓牠們的體重減到正常體重的七五%。就這樣每一天把每隻鴿子放進設有餵食器的史金納箱內幾分鐘，不論鴿子怎麼做，餵食器都會不定時的隨機投食。以前啄動槓桿就會獲得食物的行為不再有任何效果，你可能會認為，既然完全無法控制，鴿子們應該就會放棄努力，坐著等免費食物送上門，但事實並非如此，史金納分享了一些鴿子為了討食物而發展出的獨特技巧：

有一隻鴿子會在籠子裡逆時針轉圈，每次獲得食物前轉兩到三圈。另一隻會不停地把頭伸向籠子上方的一角。還有一隻鴿子會做出「投擲」的動作，好

> 像是把頭放在隱形的橫條下，之後重複往上抬頭。另外兩隻鴿子則發展出一種鐘擺動作，頭和身體向前伸，然後快速地從右向左擺動，再慢慢地回到原位。

大多數的時候，鴿子的動作不見得一定會引發投食，因為餵食器會在該給食物的時候給。不過，這些動作偶爾會恰好碰上食物獎勵。例如，食物可能會在鴿子第三次逆時針轉圈時出現。若是如此，那隻鴿子——其行為經過正向強化——就會重複該動作，認為樣做就可以召喚出更多食物。「這實驗展示了某種迷信，」史金納表示，「鴿子們的行為似乎和食物之間有因果關係，雖然實際上並沒有。」（這裡有點五十步笑百步的意思：為了提高工作效率，史金納經常睡在辦公室的一個亮黃色塑膠箱裡，每天晚上十點睡到凌晨一點，起床工作一小時後，又回頭去睡，從凌晨兩點睡到五點。）

史金納這個較不為人知的鴿子實驗究竟揭示了什麼？在我看來，史金納無意中發現了儀式形成的基礎，以及儀式如何在現實中應運而生。史金納的鴿子們被困在一個混亂且無法控制的環境中，所以牠們只能即興、重複做出隨機的行為，並且依賴這個行為，彷彿這樣就能夠讓食物出現。於是牠們創造出了自己的儀式。

## 以儀式回應不確定性和壓力

鴿子並不是唯一依靠儀式行為來管理焦慮、壓力和缺乏控制感的動物。多年來，社會科學研究人員一直強調不確定性與神奇思維（如儀式）之間的聯繫。人類學家布朗尼斯勞・馬凌諾斯基（Bronislaw Malinowski）在他的經典著作、二十世紀最有名的儀式編年史之一《巫術、科學與宗教》（Magic, Science and Religion and Other Essays）中即指出，在湍急的水裡釣魚的人，比起在平靜湖泊捕魚的人擁有更多的儀式。巴布亞新幾內亞的特羅布里安島（Trobriander）漁民要以自製獨木舟直接橫越危險的米爾恩灣省（Milne Bay Province）開放水域之前，他們會進行庫拉（Kula）——這是一種用貝殼和珠子進行交換的習俗。因為不同島嶼之間交通的不確定性，為了調適就出現各種儀式，庫拉是其一。

不確定性、風險和儀式之間的聯繫已經被廣泛紀錄。舉例來說，不時乾旱的地區，人民會發展出祈雨儀式：美洲西南部的一些印第安人會穿戴象徵性的物件，像是山羊毛和綠松石進行祈雨儀式。在泰國，人們則會舉行貓遊行，這個歷史悠久的傳統，把一隻灰色或黑色的母貓放在籃子裡帶著遊行穿越村莊，讓家家戶戶的人都對貓咪潑水。

在棒球比賽中，絕大多數的儀式都與揮棒擊球相關，即使是世界級的球員，擊球成功率也只有三〇%左右。相比之下，守備的成功率大約是九八%，但與之相關的儀式卻少得多。體育迷們也更傾向於在喜愛球隊不確定能否獲勝的時候，確保自己有帶著「幸運物」——比如最喜歡的帽子、特別的襪子，或者那個著名的「逆轉猴」（rally monkey）❷。如果你確信自己或你的團隊會擊出一個全壘打、抓到一條魚，或者即將下雨，你就不太可能依賴儀式來幫助實現這些目標。

對於飢餓的鴿子來說，它們的儀式標誌之所以會出現，是因為在面對不確定性時，牠們試圖弄清楚如何召喚出更多的食物。再想想鴿子的一些隨機重複的行為：在籠子裡逆時針轉圈、將頭伸進上方的一個角落、身體像鐘擺一樣擺動。乍看之下，也許很難想像人類（除了納達爾之外）會做出如此瘋狂的隨機行為。然而，我們許多歷經時間考驗的傳統儀式，也是由類似的行為組成。想像一下人類用手指敲擊額頭，然後把這些手指移動到胸口，再移到左邊，然後到右邊。他們這樣做是為了什麼？這有什麼意義？對許多人來說，這些敲擊似乎就像史金納的鴿子的動作一樣隨機。但對於某些信仰的人來說，這些無意識的動作是神聖的——它們象徵著十字架的符號。

## 儀式立場

哈佛心理學家丹．韋格納（Dan Wegner）——普遍被視為二十世紀末心理學研究領域最具原創性的學者——他對於所謂的「人們正在做什麼和人們認為他們在做什麼之間的關係」非常感興趣。韋格納的重要論述在於，任何動作都能從其無意識的部分、字面的動作，或者通過背後支配它的更高層次的渴望來辨識。如果你信仰某些基督教宗教，你會把十字架的符號看作是對信仰的一種表達。你做這個符號——信仰的展示——是通過敲擊身體上的四個點來實現的。韋格納的研究證實，在情況許可時，我們更傾向於使用更高層次的身分認同來解釋我們的行為。如果你問某人他們在做什麼，他們比較可能會說「畫出十字符號」而不是「敲擊自己四次」，儘管後面這說法在技術上也是完全正確的。

這種人類心理的古怪特質開始能解釋為什麼許多儀式包含著看似隨機的行為。例如，為什麼阿嘉莎．克莉絲蒂會在浴缸裡吃蘋果？泰國村民為什麼會把一隻灰色或黑色的母貓放在籃子裡？這些儀式背後的潛意識動作如此奇特，並非偶然。

大部分時間，我們做事都是有目的的——走路是為了去某處，揮手是為了打招呼。我們因為感到冷風而關上窗戶，因為要睡覺而熄滅燈光。這表示當我們看到某人做出毫無明顯目的的行動時，我們就會想找出原因。如果陌生人在人行道上低頭走來走去，我們會推斷他們一定是在找掉了的東西——比如鑰匙或錢。如果有人比著手勢地與空氣交談，我們會認為他們一定是戴了耳機在講電話。有研究顯示，當孩子看到大人用羽毛輕輕敲擊一個罐子，然後才打開蓋子取出玩具時，他們會推斷這個羽毛敲擊一定很重要，當輪到他們要取出玩具時，孩子們也會重複這個羽毛敲擊的動作。

社會科學家羅漢・卡皮塔尼（Rohan Kapitány）和馬克・尼爾森（Mark Nielsen）稱這種趨勢為「儀式立場」：愈是毫無目的且不必要的行為，似乎會讓我們愈想找出緣由。當這種尋找無法找到簡單的解釋時，我們往往會推斷出更複雜的解釋——這些隨意的行動一定有更深層的含義。這些行動被研究人員稱為「因果曖昧」（causal opacity），這是因為我們無法找出這些行為的目的，或預測不到最後的結果，所以我們會把它們看作是特別的。

想像一下你的朋友安娜因為家裡停電，正在黑漆漆的廚房裡翻找蠟燭來點。在這種情況下，安娜的行為非常合理：她必須要找到光源，因為當時沒有燈可以用。但如果安娜在廚房已經完全亮燈的情況下，又一次在那裡翻找蠟燭和火柴呢？這時，因為安娜不再需要蠟燭提供亮光，我們直覺地會推斷它們一定是有其他用處——比如裝飾生日蛋糕，或是要用在逾越節家宴，或是紀念摯愛等。

即便是我們最具功能性的活動——比賽前的伸展熱身好了——也可能變成一種儀式。當我們需要以特定方式進行這些日常動作時，這些例行動作就會變成一種儀式。如何完成這些動作對我們來說比完成它們本身更重要，這表示你需要在特定的時間進行這些動作，或按照特定的順序進行這些動作。這也可能意味著你需要在進行這些動作時穿著特定的衣物，好比大法官露絲・拜德・金斯伯格（Ruth Bader Ginsburg）總是戴上蕾絲領片；或者坐在特定的位置，像我從小到大全家吃晚餐時坐的位置；或者是要面向精確的預定方向，像查爾斯・狄更斯的睡前準備。在所有的這些例子中，都有一定要做或必須要有的特定部分——與外部世界沒有直接因果關係的行為——把一開始可能只是功能性的日常活動，轉變為對我們深具意義的事情，甚至使得平凡的事物變得不平凡。

儀式立場也能幫助解釋，為什麼曾經只是個實用的選擇，卻能在已經失去目的後仍會作為儀式持續存在。例如，在某些文化中，新郎在婚禮前不能看到新娘的臉，所以新娘要穿戴頭紗，確保不會被偷窺到。然而，在許多文化中，新人在婚前已經見過，甚至一起生活，但頭紗仍然會在婚禮上出現。雖然原本使用頭紗最初的理由不在，我們仍然繼續這個習俗，並賦予它新的意義——頭紗帶來一種神祕感，揭頭紗則象徵著步入新的身分，一個全新、有伴侶的自己。愈無法解釋的行動，就愈容易被視為儀式的一部分。

**儀式的存在依賴我們的能力——以及意願——能夠將單純的無意識行為提升至深具意義的層次**。當我們賦予日常事物更深層次的意義時，就能夠利用手邊的資源——雙手、蠟燭、頭紗、蘋果、貓、籃子等——來表達情感。

當然，無論我們多麼努力且寄予多大期望，打擊前的儀式和祈雨舞蹈也無法保證一定成功。史金納在他那些著名的鴿子實驗中觀察到這種傾向，人們往往會寄望於這些儀式來達成神奇的思維：

> 即使偶然間儀式和良好結果之間有幾次意外的關聯，也足以確立、維持該行為，儘管有許多未被強化的例子。舉例來說，投手明明已經把球投進自己想

要球道，卻依然表現得好像他是透過扭動手臂和肩膀來控球。這些行為當然對運氣或已經在球道上的球沒有實際影響，就像在這個實驗中，如果鴿子什麼都不做——或更嚴謹地說，即使做其他事情，食物一樣也會頻繁地出現。

就像鴿子一樣，人們可以參與任何他們想要的儀式，但逆時針繞圈或選擇顏色正確的貓，並不會讓食物出現，或讓老天下雨。那我們為什麼——每一個人都以各自的方法——堅持做下去呢？如果我們無法在打擊時神奇得召喚出一個致命的全壘打，或在保齡球比賽時丟出一個全倒，那為什麼我們還要如此努力地繼續這些精心準備和麻煩的儀式呢？

史金納給了我們這問題的部分答案：至少在某些時候，進行儀式會得到我們想要的結果，因此我們的行為就得到了強化——有時候食物就是會掉進餵食器；有時候獨木舟在歷經暴風雨後仍然安全抵達岸邊；有時候最忠實的球迷穿上幸運球衣去球場後成功遇到球隊大勝。但這只是偶爾會發生而已，那為什麼這些儀式仍然持續出現，重複出現在我們生活中，儘管它們通常無法產生期望的結果？

## 進行儀式真的能改變我們嗎？

只要儀式正確，就能讓我有機會與基斯．理查茲一起上台，或是祈雨舞跳得夠好，就能召喚雨雲聚集，會有這種想法聽起來很荒謬吧？史金納在總結鴿子的實驗時確實是這麼認為的：「這些行為當然沒有真正的效果。」

我們都知道，祈雨儀式並不能真的帶來雨水。可是乾旱，或其他形式的缺乏（食物、金錢、屋舍、尊重），也確實會引發社會緊張（social tensions）——恐懼、憤怒、挫折和貪婪（「水資源如此匱乏，我無法分享給別人」）。祈雨儀式可能無法帶來降雨，但確實能夠團結整個群體，變成一種肯定的行為——提醒我們也曾共同熬過這種經歷。因此祈雨儀式的作用是心理和社會層面的，透過我們進行同步、結構完整、有模式的行為，儀式將實行它的人們連接在一起，喚起共同的過去以及對未來共同的希望。

即便儀式不見得都能改變我們所在的外在世界，但確實會影響到我們的內在世界，這正是我們下個章節要探討的儀式效應。

❶ 編註：弗里德里希・尼采（Friedrich Nietzsche，一八四四～一九〇〇），出身德國的哲學家、詩人、文化批評家、古典語言學家和作曲家。他的作品對現代哲學有非常深刻的影響。在轉向研究哲學前他是古典語言學家，同時以創作詩歌和音樂作品為副業。

❷ 編註：逆轉猴（rally monkey）是美國職棒大聯盟洛杉磯天使隊的非正式吉祥物。

Part 2

# 我們自己的儀式

Chapter 4

# 如何開始行動？

## 為什麼上台前絕對不能說「冷靜一下」

看看那個有舞台恐懼症的人，正在台上全力以赴地演出。

——樂隊合唱團（The Band）

還有五分鐘就要演出，你站在後台，燈光昏暗。很快布幕就要拉開，聚光燈會聚焦在你身上。你可以聽見觀眾的嗡嗡聲，像大海的波濤一般起伏。整場劇院座無虛席，觀眾準備隨時將你捧上天——或是一下子壓垮你。這些人今晚會來就是為了你，只為了你。舞台中央矗立著一台大鋼琴，打磨得光亮如新。再四分鐘，你就要走出去，觀眾會爆發出掌聲，然後又恢復寂靜，彷彿一根針掉在地上都能聽見。你會坐在鋼琴椅上，雙手放在琴鍵上。這群觀眾來這裡就是要聽你用洪荒之力演奏三首奏鳴曲。他們想要聽見你最棒的演出，因為這是必須的。現在只剩下三分鐘，你的背後已經冷汗淋漓。你為此做了許多準備，但通常是獨自在自己的空間，按照自己的速度。現在你想著：「我練習夠了嗎？」還有兩分鐘，劇院燈光熄滅，你還聽得見觀眾席上有人在調整坐姿。再一分鐘布幕就要拉開，你將面對無數人的眼光，現在你必須抑制心臟的怦怦跳，並吞下從喉嚨裡溢上來的恐慌。

你要如何保持冷靜？

對世界公認最偉大鋼琴家之一的斯維亞托斯拉夫．李希特（Sviatoslav Richter）來說，答案很簡單：記得龍蝦就好。每場演奏會前，這位大師都會把一隻粉紅色的塑膠龍蝦放在一個絲帶綁著的箱子，他會帶著箱子走上台，確保龍蝦就在伸手可及之處，他相信這隻龍蝦能影響他的表演。「他一定要帶著龍蝦上台嗎？」埃洛．莫里斯（Errol Morris）在他撰寫的李希特專訪中寫道：「也許不應該，人們可能會有些困惑。但有一件事是肯定的，他不能在沒有它的情況下演奏。」儘管李希特有著驚為天人的音樂天賦，他卻覺得自己沒有粉紅色龍蝦就什麼也不是，每當表演時刻來臨，他從不敢忽略這個儀式，對他來說，他那隻幸運的甲殼動物就如他那總是調音完美的鋼琴一樣重要。

## 從完美演出者儀式中學到的事

表演儀式是最引人注目和豐富多彩的儀式行為之一，許多處在顛峰時期的明星都依賴這些儀式。網球冠軍沙蓮娜・威廉絲在首次發球前一定會拍球五次，第二次發球之前則是拍兩次；葡萄牙足球明星克里斯蒂安諾・羅納度（Cristiano Ronaldo，臺灣通常稱C羅）站上球場時一定是右腳先踏出；還記得棒球選手諾馬・賈西亞帕拉（Nomar Garciaparra）嗎？他總會先踏進擊球區，然後又踏出去。下來，他會依序觸摸兩隻打擊手套、腕帶、右大腿、背部、左肩、頭盔、腰帶，再碰一次頭盔。最後重新踏入擊球區，腳趾點地。這些儀式各有其獨特之處，但它們都有共同的目的——為了心理和情感上的最佳表現做好準備。

令人驚訝的是，諾馬並不是唯一會有這些動作的棒球選手。在一項針對棒球選手的研究中，研究人員仔細觀察每個球員每次打擊前所做的動作後，發現總共有三十三種類型，例如觸碰身體或衣服、重新拉緊打擊手套、用球棒輕敲本壘板。這些球員每次打擊會進行的動作次數從五十一次到一百零九次不等，平均算下來，每次打擊前的動作竟然高達八十三次。球員們雖然知道自己會動來動去，但他們低估了自己實際動作的次數，認為只有四次——結果看到自己的影片時才驚訝地發現原來自己居然做了這麼多動作。但這並沒有阻止他們繼續這樣做，因為他們意識到這些動作對他們進入最佳狀態非常重要。

各行各業中那些奇怪的表演儀式同樣豐富、色彩繽紛，充滿了創意。芭雷舞家蘇珊・法若（Suzanne Farrell）在上台前會把一隻小玩具老鼠夾在她的緊身衣裡，然後雙臂交叉，再捏自己兩下——這儀式後的演出總能引人入勝，她後來更因為在藝術界的貢獻而榮獲總統自由獎章（Presidential Medal of Freedom）❶；以《奇想之年》（The Year of Magical Thinking）❷榮獲普立茲獎❸的作家瓊・蒂蒂安（Joan Didion），每當她沒有靈感寫作時，她就會把草稿包好放入冷凍庫；電腦技術拓荒者（以及美國海軍少將）葛麗絲・霍普（Grace Hopper）以精確邏輯成功創建了一種創新的程式語言（後來被命名為COBOL）。但當她最終準備測試自己寫的程式時，她和團隊會拿出一張禱告毯，面朝東方，祈禱程式能夠正常運作。最初只是個半開玩笑的迷信行為，最後竟然演變成了不可或缺的工作儀式——這是純數學嚴謹性的一個神奇時刻。

不過為什麼要這麼麻煩，特別是那些看起來已經站上巔峰的人？埃洛．莫里斯對於李希特的描述精準抓到了答案：「能完成某件事意味著你有在思考，並且相信自己能夠做到。但光有彈琴的技巧是不夠的，還需要更多的東西。」技能是基本要件，但要把技能——用正確的方式應用在對的時間、對的地方上——則完全是另一回事。

## 儀式能幫我們找到更多需要的東西

表演前的儀式目的就是給我們那種難以捉摸的「更多」——幫助我們克服焦慮，發揮我們的潛力。不只是全世界知名的頂尖表演者需要這種「更多」，因為他們要維持水準。然而，我們這些凡人也很依賴表演儀式，在日常生活的無數場合中使自己平靜並準備好：當我們需要主持會議、應徵工作、在商業談判上陳述我們的觀點，或是其他需要走向聚光燈的場合。在課堂上，我問了那些名列前茅的哈佛學生，他們是否在考試、運動比賽或其他很有壓力的場合之前都有進行儀式。起初他們猶豫不決，但當有人開口說出來時——「我總是要用同一款牙膏、喝同一種茶，然後確保帶三支鉛筆」——其他人也就打開話匣子了。班上每個學生似乎都有自己的儀式——而且每個儀式都是獨特的。這些儀式不僅僅是為了追求個人的心理安慰，也是為了幫助我們做到最好。無論是面對挑戰、突破極限，還是面對生活中的各種壓力，這些儀式都在幫助我們找到自己所需要的那一份「更多」。

而且觸發這些儀式反應的不僅僅是高壓力的關鍵時刻。有時候，這些儀式是因為更平凡的情境。對某些人來說，在雞尾酒會上閒聊、在火車上或是在醫生辦公室裡小聊一下，感覺就像在卡內基音樂廳（Carnegie Hall）[4]獨奏一樣可怕。對另外一些人來說，站在幾個同事面前發表演說的想法就足以使他汗流浹背。有一份研究，研究人員請受試者嘗試在公開場合講話時，同時使用運動捕捉技術來顯示經歷壓力時產生的儀式性行為。結果發現受試者隨著心率的上升，會自然地進行更具體和重複性的手部動作模式。

探索這些儀式讓我意識到，多年來我一直在執行自己的表演儀式，這也讓我對儀式的懷疑消失了。每次教課之前，我會花三十分鐘在辦公室裡來回踱步，在腦海中把整堂課的流程走一遍，然後拿出教學計畫（總是寫在黃色紙張上），然後把筆記放入二十五年前父親送我的黑色皮革文件夾裡——這個文件夾我每次去哈佛商學院上課時都會攜帶著。

世界各地的表演者，不管是優秀或表現一般，都會仰賴著其個人獨特的演出儀式。他們坦承，如果沒有這些獨特的儀式，會覺得迷失方向——即便他們大多數都知道這些儀式聽起來很愚蠢，而且甚至沒有一個合理的解釋為什麼相信這些特定的行為會奏效。那麼，到底發生了什麼事呢？是對的嗎？這些五花八門的行為真的幫助——不管是超級巨星還是我們其他人——還是說，有些儀式沒有成效，反而妨礙了我們的表現呢？

## 冷靜、淡定和鎮定

儀式之所以這麼普遍，不僅出現在比賽當天，還有應對我們日常壓力時，主要是因為我們其他許多用來保持冷靜和提升表現的方法通常效果不佳，甚至還會事與願違。你有沒有試過告訴自己要冷靜？——也許那時你正慌張地盯著鏡子自言自語？或者試過在對方情緒激動時告訴他要冷靜。

結果如何呢？

乍看之下，直接提醒自己保持冷靜似乎應該有效——或至少會有一些正面效果。我們周圍充斥著讓我們保持平靜的激勵格言和陳腔濫調。也許最著名的例子是英國二戰時期的標語：「保持冷靜，繼續前進」（Keep calm and carry on）。不過英國政府在德軍發起閃電戰時似乎才發現，對於已經驚恐的市民來說，這句標語是愚蠢且無效的，因此他們就把兩百五十萬份的海報都銷毀了。（該句標語最後在二〇〇〇年才全球風行，當時一位二手書商發現了一份海報的復刻版，印刷後將其廣泛傳播出去，因為對於二十一世紀的人們來說，這是一種微妙地諷刺的提醒，指向一個已逝去的堅忍時代。）近年的研究浪潮證明了英國政府放棄這個口號的決定是正確的。除了對我們行為認知方式的研究外，心理學家丹．韋格納還研究了我們無法控制思想的問題。韋格納請受試者不要去想像白熊，這看似簡單的任務，但當我們試圖不去想時，腦海裡浮現的反而都是白熊。如果我們無法抑制隨機出現的白熊想法，又怎麼能夠認為自己可以抑制演出焦慮呢？焦慮這種體驗被認為既是一種狀態也是一種特質——我們可能會對表演感到焦慮，也有可能自己平常就是一個容易焦慮的人。而在這兩種情況下，讓自己冷靜下來的告誡都不會有幫助。

當我們告訴自己要冷靜下來時，我們不僅僅是試圖壓制我們的思維，也在試圖壓制「喚醒」（arousal）的興奮感，這是研究人員用來描述心理和生理方面皆處於高度緊張的狀態，這包括邊緣系統和交感神經系統的啟動。想像一下，當我們告訴自己要「冷靜下來」，結果卻是——白熊、白熊、白熊。我在哈佛商學院的同事艾莉森．伍德．布魯克斯（Alison Wood Brooks）的研究發現，以這種方式告訴自己要冷靜下來是行不通的，有時甚至會使我們感到更加緊張：「我不但依舊對演出感到焦慮，現在更因為自己冷靜不下來而感到更恐慌。」你現在可以想像這種可怕的負向循環會帶來多大的困擾。

有些表演者認為這只是個時間的問題，他們只需要等待，直到他們進入「專注狀態」，就能有最佳表現，不過這種方法也很少有證據證實是有效的。有一份研究發現，只有在非常專注狀態才丟飛鏢的人，並沒有比那些可以隨時丟飛鏢的人表現更好。而且與任務邏輯相關的準備策略，通常也無法幫助到我們。比如，在運動表演前做伸展操會像熱身一樣讓我們冷靜嗎？證據顯示，這個問題的答案並不明確。而抗焦慮藥物如贊安諾（Xanax）通常有效，卻有會使我們反應變慢的副作用——這在我們需要思考，做出快速反應時是沒什麼幫助的。

大家都知道這些表演前的緊張不安不見得總是帶來負面影響。耶基斯多德森定律（Yerkes-Dodson law）[5]為我們理解情緒激動與表現之間的關係提供了一個框架，它認為適度的緊張和壓力能夠提升我們在重要的面試、考試或運動比賽中的表現。這些情緒可以促使我們更多地練習或準備，讓我們在能量激增時保持最佳狀態，提高我們的動機和耐力。不過這還是有個轉折點，當這些緊張感或情緒激動變得過於劇烈時，就會阻礙我們，影響我們發揮潛能表現。

我的同事艾莉森・伍德・布魯克斯不只是我在哈佛的研究夥伴，也是我很好的朋友。加上另一位哈佛商學院的同事萊恩・布威爾（Ryan Buell），我們組成了哈佛職員樂團（Harvard Faculty Band）。（起初我們的名字很有創意，如今稱為「燈光」（the Lights）——你可以上網站www.thelights.band聽我們的作品。）樂團的公開演出，讓我們三人都直接體驗到表演焦慮。艾莉森是我玩音樂碰過最不會緊張的演出者：她把所有緊張和不安都視作一種興奮；萊恩的舞台焦慮通常表現在與觀眾的互動上；至於我，則經常將我的表演焦慮重新定義為不便：「為什麼樂團成員就一定要站在人們面前演出呢？」還好樂團的其他成員都能夠容忍我這樣的態度。

## 繼續前進，調適失敗

二〇〇一年，麻薩諸塞州的新英格蘭愛國者美式足球隊在分區對抗賽不敵邁阿密海豚隊後，球隊成員回到訓練場地，卻看到地上有一個大洞。教練比爾．貝利奇克（Bill Belichick）站在坑洞旁，手拿著一把鏟子和輸掉那場比賽的橄欖球。他把球丟進洞裡，蓋上一搓泥土，轉身對著球員說：「那場比賽結束了，我們要埋葬它，繼續前進。」一整支球隊一起將那個不幸的比賽用球埋葬了，就在大家慢慢離場時，四分衛湯姆．布雷迪重重地一腳踩在土上，嘴裡叨念：「到此為止。」結果真是如此，在接下來的賽季裡，愛國者隊將一開始慘淡的一比三戰績逆轉，最後成功拿下球隊首個超級盃冠軍寶座。

儀式並不能保證成功，就像即使做了最好的準備，也無法絕對讓我們免於失敗一樣。不過儘管計畫總趕不上變化，再怎麼精心排練，表現仍然不盡人意時，儀式可以發揮不同的作用，幫助我們調整沮喪和挫敗感。如果比賽前緊繃的壓力促使我們採取儀式行為，那麼在表現失敗之後的強烈失望似乎會促使更多的儀式出現，因為**儀式可以幫助我們調整因為失敗而產生的負面情緒**。

有研究可以為貝利奇克和布雷迪決定埋葬那顆橄欖球背書。二〇一七年，多倫多大學的心理學家尼克・霍柏森（Nick Hobson）、戴文・邦克（Devin Bonk）和麥奇・英茲李希特（Mickey Inzlicht）找來四十八名受試者進行為期一週的研究，觀察他們如何調適失敗。有些受試者被要求這一週每天做一次呼吸儀式：「把雙拳放在胸前，慢慢抬到頭上，同時用鼻子深深吸一口氣，然後再把雙拳放回胸前，同時用嘴巴呼氣。這個動作重複三次。」接著，所有受試者都被要求完成一系列困難的認知任務——其中包括由一九三〇年代心理學家約翰・萊德利・斯特魯普（John Ridley Stroop）設計的令人沮喪的「斯特魯普顏色與文字實驗」（Stroop Color and Word Test），這測試現今被廣泛稱為「斯特魯普實驗」。

想像一下，你看見了一連串的字彙，一次出現一個，你唯一要做的就是說出字體的顏色。一開始很簡單：你看到用藍色寫的「dog」，就回答「藍色」。不過斯特魯普把這個實驗難度調高：在下一輪，你會看到用綠色寫的「red」。因為閱讀已經是我們無意識的自動行為，很多人都會不由自主地喊出「紅色」，儘管字的顏色明明是綠色的。受試者在進行這些任務時，頭皮會裝上電極片，連接到腦波儀，這樣可以評估錯誤相關負波（error-related negativity，簡稱ERN），這是一種對期望（「我可以成功做好這任務」）和無法達成期望之間差異敏感的腦電波，這些失敗可以看作是神經學上的「我搞砸了」的感覺。

那些被要求每天都做呼吸儀式的人，在面對失敗時的反應比沒有做任何儀式的人更緩和。這個實驗的結果顯示，這些儀式有助於減輕我們對於失誤的負面回應——也就是類似搞砸了的感受。儀式似乎能調節大腦對於失敗的反應，讓我們能夠更快地從挫折中恢復過來。

## 儀式的危險

在一九七〇年出版的經典棒球著作《四壞球》（Ball Four）裡，叛逆的投手吉姆．波頓（Jim Bouton）曾談到運動專業的榮譽感很容易轉變為相反的情況——變得過分狂熱，或是被一場很難獲勝的比賽掌控的感覺。「你花了大半輩子抓著一顆棒球，到最後卻發現，事實是你一直被球抓著。」儘管表現儀式帶來了許多好處，但也是要付出代價的。如果我們過於依賴這些儀式，最終可能會讓自己在失去它們後迷失了方向。

再來看另一個美國職棒大聯盟球員、長期效力於紅襪隊的三壘手韋德．博格斯（Wade Boggs）的例子吧。博格斯有一套儀式，全部都與數字十七有關。每場比賽開始前的傍晚五點十七分，他會開始打擊練習，晚上七點十七分則會做短距衝刺（wind sprints）。博格斯的儀式出名到當時的藍鳥隊總教練巴比．考克斯（Bobby Cox）在多倫多一場賽事上，請計分員把時間從七點十六分直接跳到七點十八分，希望能打亂博格斯的節奏。

巴爾的摩金鶯隊投手吉姆．帕爾默（Jim Palmer）同樣對他的儀式感到依賴。吉姆．「鬆餅」．帕爾默在一九六六年因為連續八場比賽保持不敗紀錄而身價上漲，這八場比賽開打前，他總會享用一頓幸運鬆餅早餐。不過就在金鶯隊有一次要與堪薩斯市皇家隊比賽，航班出了問題，只好繞路前往賽場，帕爾默被迫跳過了他的鬆餅早餐，他開始擔心當天的比賽會受到影響。輸掉比賽後，他告訴記者們：「我不知道錯過我的鬆餅早餐是否對比賽有任何影響。但我也不想去找出答案了。」當我們的儀式被打斷時，這種經歷可能會引發更劇烈的焦慮。對帕爾默來說，他無法執行早晨儀式不僅意味著他整天感覺「不對勁」——他的表現也因此受到了影響。

還有那些過於複雜的儀式，變得如此錯綜複雜，以至於干擾了我們的準備工作。想想看，棒球選手打擊前平均會做八十三次動作，有些球員甚至超過一百次。洛伊・路易斯（Royce Lewis）曾是明尼蘇達雙城隊的明日之星，但隨著他的職業生涯停滯不前，有位評鑑員就提出了下列評論：「他的習慣——像諾馬那樣在拉手套、每個球之間深呼吸、不斷調整球衣——太矯揉造作了，這些動作看起來不是幫助他集中精神在任務上，反而使他分心，而且比賽速度對他來說似乎太快了。」所以儀式若做得太誇張，反而會是阻礙。如果我們無法停止這些儀式，就無法重新調整重心，進行真正的演出。我們會困在選手休息處或後台——而世界持續在我們身旁轉動。（我應該提一下，有位哈佛的學生告訴我，她故意把自己的賽前儀式弄得很複雜，以致於無法完美呈現——這樣如果她表現不佳，還可以歸咎於儀式有漏洞，而不是自己。）

沒有任何一套儀式能讓我們像搖滾巨星或天才一樣出現。我們還是得面對才能、技巧，以及每日例行事務的現實挑戰。但是，這些儀式可以幫助我們管控緊張的情緒，發揮我們努力提升的技能。就如埃洛・莫里斯說的那樣，我們的表演前儀式提供了那種難以捉摸的額外加持——讓我們走上舞台，發光發熱。

---

❶編註：總統自由獎章是由美國總統一年一度頒發，與國會金質獎章並列為美國最高的平民榮譽。受獎者不需要是美國公民。

❷編註：《奇想之年》（The Year of Magical Thinking）繁體中文版由遠流出版社於二〇〇七年出版。

❸編註：普立茲獎是表彰對美國國內在報紙、雜誌、數位新聞、文學及音樂創作等領域成就的獎項，目前共設有二十一個獎項，每位獲獎者都會得到證書及一萬五千美元的獎金。

❹編註：卡內基音樂廳（Carnegie Hall），位於美國紐約市第七大道，由慈善家安德魯·卡內基出資，建於一八九〇年，是美國古典音樂與流行音樂界的標誌性建築。

❺編註：基斯多德森定律（Yerkes-Dodson law），是一條實證性的關於動機和表現之間的關係，最初由心理學家羅伯特・耶基斯和約翰・迪靈漢・多德森於一九〇八年發現。這條定律說明了在一定範圍內，動機強烈程度和表現好壞呈正比，但只會達到一個峰值。當動機強度太高，表現反而下降。這個過程通常被描述為一個浴缸曲綫，形同一個倒U字。

Chapter 5

# 如何體會其中奧妙？

## 從紅葡萄酒和打掃整理中獲得最大效益

**冰鎮：**將杯子浸泡在冷水中冰鎮，可以維持倒酒時的泡沫。

**犧牲：**一開始先倒掉幾滴酒，這個小小的代價可以確保接下來的酒最鮮美。

**液體魔法：**酒杯呈四十五度斜放，完美地結合泡沫和酒體。

**加冕：**優雅地把酒杯放直，形成完美的泡沫，把新鮮度鎖住。

**結束：**鎖緊瓶口，任酒杯上多餘的泡沫和酒液滑順地流完。

**撇泡：**用撇泡器以四十五度角修剪泡沫，去除大而鬆散的氣泡。

**審視：**泡沫厚度保持在三公分，不能多也不能少。

**洗淨：**再泡一次冷水洗淨酒杯外緣，使杯子晶亮，呈現驚艷的效果。

**呈遞：**花點時間確認並欣賞，確保可以完美呈上時代啤酒（Stella Artois）。

如果你不喝啤酒，你可能會讀到一半才發現，這些步驟不是在說宗教儀式，而是在講倒酒的儀式。（啤酒愛好者就比較容易理解了。）這個所謂的「儀式」，是比利時釀酒商時代啤酒在一九九〇年代所發表的行銷企畫。如果這個繁複的九步驟讓你翻白眼，我完全可以理解。它本來就是要顯得這麼誇張——但這確實幫助釀酒大廠安海斯－布希英博集團（Anheuser-Busch InBev）成功地把時代啤酒的價格訂得比其他競爭對手高。

不管是不是噱頭，想像一下用這種儀式準備你最喜歡的飲品。這一切的儀式感——每個精心設計的步驟——是不是為這個體驗增添了一些特別的感覺？就像一杯完美的馬丁尼必須要「搖而不攪」作法一樣？這兩種情況——明明很普通的動作卻要精準呈現——這些儀式提升了這兩種酒的層次感。現在想像一下，我是這樣準備啤酒的：直接撬開瓶蓋。你能感受到差別了嗎？當我們把一個酒杯、佳餚或特別的時刻與正確的儀式搭配在一起，我們的體驗會產生變化——即使是隨便在超市買的一打啤酒，也能被轉換成值得品味賞析的佳釀。

## 品味儀式

儀式確實讓我們在日常生活中有更多機會享受當下。拿最簡單且最常見的品味儀式為例——每天固定時間吃點東西或喝杯飲料，幾乎全世界每個文化都有這種習慣。如果你住在斯堪地那維亞，那就是會停下來在「Fika」❶，每天早上十點左右的咖啡、茶和點心時間。大多數的斯堪地那維亞職場裡，這甚至不是個選擇。沒有人會在乎你是否餓了、想不想參加「Fika」。「Fika」就是大家都在做的事。這跟飢餓、生產力或效率無關，而是大家一起吃點東西，享受彼此的陪伴。

如果你在印度，傍晚六點，你很有可能正在準備印度茶、紅茶，可能用蜂蜜或糖，或者是以八角、茴香或丁香等香料增添香氣。有些人會加點薑來提味，還有人喜歡多加點牛奶，讓茶更濃郁。喝茶時間是一段特別的時光——介於你結束一天的工作和回到家之間的過渡時刻。

又或者，你人在義大利，一大早來到咖啡吧吃早餐。濃縮咖啡既快速又便宜，直接一口喝下去，搭配著杯旁的一片檸檬。這裡的樂趣就在於那股匆忙感——沒有多餘的停留，就是一種儀式化的快速呈現。就只是一口濃咖啡，但別擔心，一整天下來你可能會喝上七、八杯。

一九七〇年代，美國的學校會在上午為小學生提供一份零食：Graham全麥餅乾與一盒牛奶。因為牛奶盒的開口太小，無法把整片方形餅乾放進去，但學生們總能想到辦法將餅乾浸泡到牛奶裡，直到它們變得軟爛又美味。於是Graham全麥餅乾與牛奶之間的界限經常變得模糊，最終成為一種新的Graham餅乾牛奶混合物。

如果你是法國人，或曾在法國待過一段時間，那你肯定知道早上享受巧克力可頌的愉悅儀式。只要在上班路上停一下，隨便到一間麵包店買個充滿奶油香氣、外皮層層酥脆、內有巧克力餡的可頌，吃一口，深呼吸，舒服地歎口氣。享受當下的感覺，覺得此刻生活真好。

在這些例子中，飲品和美食是擺設，讓我們可以享受當下的體驗。

現在想一下品味儀式是否也是你每天生活的一部分。過去，我問別人這個問題時，他們會提到一些傳統儀式的變化——喝茶、喝咖啡，下班後喝一杯雞尾酒——還有一些完全新創的儀式。

每當上午我需要站起來伸展一下時，通常都會有自己的小型喝茶儀式。多年來，我一直在收集來自世界各地的茶葉，所以我有很多的收藏。最初是收到一個叫做「全世界茗品」（Teas from Around the World）的茶葉組合，現在則是每次看到想試的茶葉就會買一些回來。大約在上午十點或十一點左右，我會起身走到辦公室放著地球儀的旁邊，開始轉動地球儀，然後讓我的手指隨機停在一個大陸或一個國家上。地球儀上的位置決定了我當天的茶選擇——不管是伯爵茶、黃金拉茶（golden chai）、檸檬瑪黛茶（maté lemon）或茉莉綠茶。不論我喝的是什麼茶，我一定會花幾分鐘時間好好享受每一杯茶的獨特之處。每一杯茶都有它的特別風味——只需要幾分鐘，就能真的品味出其中奧妙。

每天下午兩點，正是街上麵包店新鮮麵包的出爐時刻。這時就是我站起來散步的好時機，還能享受整條街區瀰漫的麵包香味。當我到達時，麵包還暖呼呼的，我就把它帶回家，放在我祖母留下來的美麗瓷盤上，然後塗上我最愛的法式奶油磚。我從來不會把這個奶油磚用在別的食物上，所以一盒奶油可以用上好幾週。光是看著奶油在溫熱的麵包上慢慢融化，這一刻就填滿了我一天的幸福感。

中午時，我最愛離開辦公桌到戶外散步。我會在路上尋找硬幣，這是我父親以往經常做的事。當我看到一枚硬幣——不論是二十五美分或十美分——我都會撿起來，然後去街角的玩具店買一顆口香糖。這有趣的小獎勵讓我回想起父親和自己的童年——那顆色彩繽紛的口香糖從糖果機的門裡滾出來的快樂。每當我把口香糖放進嘴裡，我都能聽見父親的笑聲，儘管那口香糖的味道只會維持幾分鐘，但總能讓我心情變很好，讓我笑得更開心。

想要讓你的一天更加美好甚至迷人的方法有無限多種。如果你有能夠點亮日常生活的消費儀式，我建議你考慮如何讓它們更加有意義。如果你想不出任何點子，那就把握這個機會增添一個讓你稍作停頓並享受愉悅的時刻。像上面提到的品味儀式可以是小而強大的日常快樂源泉，這種容易實現且通常不需花太多錢的方式，就能把平凡的日常變得更加特別。

## 品味的概念

全世界我最愛的披薩店就是位於波士頓北端的「Regina's」，最愛的披薩口味則是香腸洋蔥。沒錯，在我嚐過世界各地的披薩後，最棒的披薩竟然只離我老家幾哩遠而已。老實說，我也從來沒有吃過其他披薩店的香腸洋蔥口味，我甚至不確定自己是否真的這麼愛洋蔥，那為什麼這間Regina's的披薩是我最喜歡的呢？這間店也是我父母最愛的披薩店。我不僅把它和自己的童年聯繫在一起，還有小時聽到關於父母童年的故事。他們生長於一九五〇年代，當時他們經常會在這間店聚會，因為當時對愛爾蘭天主教家庭來說義大利食物仍是異國風味。對我來說，Regina's是家族傳統，一個讓我能連結比我更早的過去，並且這個傳統會由我延續下去。我和最好朋友之一的史考特（Scott），在二十多歲時常常會在Regina's見面，點一份香腸洋蔥披薩，邊吃邊討論我們的人生方向。後來我發現這不只是個習慣。對我來說，這是一個有著深厚根基的傳承儀式。（如今這間餐廳也是我女兒的最愛。）

Regina's簡單的一片披薩就可以讓我的情感滿足，這正是我所謂的「炫耀性消費」（conceptual consumption）例子。我吃這片披薩時——不只是獲取全穀物和鈣等營養——這個行為更能把我帶回過去，讓我體驗到更多的情感和回憶。就像人類學家克勞德．費雪勒（Claude Fischler）觀察到的：「人類不僅依靠蛋白質、脂肪、碳水化合物維生，也仰賴著符號、神話和幻想。」某些食物得用特定的方式食用，可以在我們生理所需的能量之外滋養著我們。消費也可以是一種深具意義的方式，讓我們接觸到既有文化工具箱中的資源——有時我們是用傳統方式，有時則是即興創造一些全新的東西。例如，這世界要同時有糖果和油炸技術，才能出現油炸士力架（Snickers）。

這讓人不禁想問：如果在攝取蛋白質、脂肪和碳水化合物時，沒有那些儀式帶來的符號、神話和幻想，會是什麼樣子？我猜，這可能會有點像代餐（Soylent）吧！

二〇一三年，剛從喬治亞理工學院（Georgia Tech）電機工程系畢業的羅伯・萊恩哈（Rob Rhinehart）表示很討厭需要吃東西。他當時與幾個室友住在舊金山，試著想創業。吃飯對他來說是個麻煩——又貴又費時。他想找個辦法來避開這種無聊的「找食物」過程。他想，為什麼不簡單一點，更理性一點，直接找出維持身體所需的化學營養成分，然後把它吃下去呢？於是他找出了三十五種化學成分，包括葡萄糖酸鉀（potassium gluconate）、碳酸鈣（calcium carbonate）以及磷酸二氫鈉（monosodium phosphate），之後他就每晚把這些原料全丟進攪拌器裡。他不斷調整配方，直到達到剛好的稠度——瀝乾的鬆餅麵糊——同時也解決了這飲品引起脹氣的問題。最後，他把這個飲品命名為Soylent，諷刺地引用了科幻電影《超世紀諜殺案》（Soylent Green）——「那是人肉」。

如今，萊恩哈創辦的代餐公司用一份餐點就能滿足全部營養需求。Soylent代餐的重點就是通過消除味覺享受來達到最高效率。當你坐下來喝這種黏稠的代餐時，只需要打開瓶子倒出來。沒有味覺的爆發，也沒有停下來思考聯繫和歸屬的時刻。當然也不會有那種能把你帶回奶奶家廚房的香味，她曾經在爐子上燉了好幾個小時的墨西哥湯，最後神奇地出現在你面前，上面點綴著鮮豔的紅蘿蔔片。更沒有那種讓你想起丹麥家庭在寒冷的冬日下午端上來的荳蔻麵包的質感和聲音——沒有脆片、沒有嘎吱聲。因為Soylent代餐只是飲品，不需要費力咀嚼，絕對不會讓你回想起兒時自己最愛的食物，比如鄰居家常有的肉桂餅乾。

在Soylent代餐上，所有能品味的機會——回憶過去、期待未來的快樂，以及靜靜享受的小確幸——都被剝奪了。Soylent公司保證，當你選擇了Soylent代餐，絕對不需花力氣，食物只不過是身體必要的能源而已，飢餓問題靠它完全自動化解決，沒有任何讓人費心的情感干擾。這樣做或許真的是省時方便，但代價是什麼呢？

## 有深度的品酒之旅

現在，將Soylent和它精神完全相反——唯一目的就是要讓人懂得品味享受的飲品——比較一下。經常品酒的人會融入了一種豐富的文化，喝酒幾乎成為他們身分的一部分。例如，葡萄酒愛好者會在各種農業背景下品味杯中的美酒——比如在美國納帕谷（Napa Valley）或是義大利托斯卡尼還是法國南部，陽光充足或雨水短缺；該年收成時土地的狀態；葡萄是在提前一天還是推遲一天採摘的。這些葡萄酒行家甚至可能參觀過葡萄園，了解莊主的家族歷史——甚至還見過在那裡工作的員工。

電影《尋找新方向》（Sideways）不僅挖苦也頌揚了葡萄酒的世界，保羅・賈麥提（Paul Giamatti）飾演邁爾斯（Miles），是一位比較敏感、總覺得自己萬事不如意的古怪葡萄酒愛好者和失敗的小說家。在一段和瑪雅〔薇吉尼亞・麥德森（Virginia Madsen）飾演〕的調情場景時，兩個角色通過談論葡萄酒來聊自己。邁爾斯開始描述自己對黑皮諾（pinot noir）的喜好：

> 這是很難種的葡萄品種，如妳所知，這種葡萄皮薄、喜怒無常、早熟。黑皮諾不像卡本內蘇維翁（cabernet）那樣可以在任何地方生長，即使被忽略也能茁壯。黑皮諾需要不斷的照料呵護，事實上這種葡萄只能在一個特定、隱蔽的角落生長，而且只有最有耐心、最細心的果農才能做得到，只有他們才能發掘出黑皮諾最脆弱、最精緻的特質。

接著瑪雅以非常親密又脆弱的口吻回應，並且以自己對葡萄酒的認識來表達：

> 我喜歡葡萄酒是因為它們會不斷演變，每次我打開時，都能嚐到跟上次打開時不同的味道。因為葡萄酒是活的——它會不斷地演化，味道愈來愈多層次，直到達到巔峰——就像你的這瓶六一年紅酒——開始穩定後，然後不可避免地開始衰退，但它就是這麼該死的美味。

這就是享受品味的魅力。葡萄酒讓我們擁有豐富的感官體驗，通過它我們能分享生活的點滴，並與他人建立深厚的連結，難怪瑪雅和邁爾斯在電影最後會在一起，這不只是部愛情電影，同時也是一個共同享受的故事。

## 沉浸在杯中

葡萄酒文化讓我有很多機會觀察和思考日常中的消費儀式——從打開酒瓶的緊張和期待，從醒酒（decanting）到晃動酒杯讓酒旋轉的加氧（aerating）技巧。顯而易見，葡萄酒文化的一部分關乎葡萄酒本身——即是什麼，另一部分則是關乎儀式——如何做，特別是我們如何倒酒、旋轉和品味的特殊方式。

不過這些消費儀式對我們究竟有什麼作用呢？想知道答案，還有誰能比那些將整個生活奉獻給品味的人更懂：侍酒師（sommelier）。凱瑟琳．拉圖爾（Kathryn LaTour）有著人人稱羨的康乃爾商學院的品酒教育管理教授的頭銜，她與我在哈佛商學院的同事約翰・戴伊頓（John Deighton）訪問了舊金山、拉斯維加斯和紐約共十位侍酒大師，探索他們的品酒過程。這些訪談提供了第一手資料，不僅揭示了品酒過程中的儀式元素，還深入探討了專業品酒師的體驗和理念。「我覺得自己想做的是，」其中一名侍酒師詹姆斯詳細解釋道：「把自己放進酒杯裡，成為杯中物。我試著完全沉浸在酒杯的氛圍中，然後抽離……就像身處於一個巨大的酒池中。」

在這些世界頂尖品酒師的訪談中，不斷出現的主題是沉浸感——深深、激烈地投入體驗的感覺——被認為是享受儀式的關鍵因素之一。對我們來說，不用沉浸酒杯中，光是看這些侍酒大師為我們付出的努力就能強化我們的體驗了。正如一項研究所顯示的，只要看到正在為我們烹調料理的廚師，就能提升我們對最後成品的喜悅。

大廚的視角讓我對於所有體驗都以不同情感加以品味而有了獨特的觀點。在二〇一一年餐廳結束營業之前，我有幸在西班牙羅塞斯（Roses）小鎮由傳奇主廚費南・阿德里亞（Ferran Adrià）❷開設的鬥牛犬餐廳（El Bull）享用過一餐。披著米其林三星的光環，鬥牛犬餐廳被稱作「地球上最富想象力的時尚美饌」。巴黎美食作家克羅蒂德·杜索里爾（Clotilde Dusoulier）就在她的部落格上寫：「我們花了六小時才吃完整套餐點——從傍晚八點到凌晨兩點——但我們是在一種陶醉的狀態下，很難分辨坐下後到底才過了兩分鐘還是已經兩天了。」

我的腦袋裡冒出許多想法：我點的餐也會讓我陶醉嗎？有沒有突然間透過高級餐飲追求昇華，達到食物之天堂的可能性？所有這些關於宇宙連結的想法，都在服務生幫我上餐前小點（amuse-bouche）時瞬間破滅——盤子裡有一顆微微炙燒過的草莓。……是比胡蘿蔔好些，但還是……怎麼能與我努力付出和渴望的感覺相匹配？我的餐前小點怎麼可能成為杜索里爾在部落格上讚美過的美食天堂一部分呢？

我心不在焉地咬了一口草莓，突然間，三種截然不同的味道襲來：炙燒的炭燒味、琴通寧雞尾酒，以及草莓本身的鮮甜。瞬間我被傳送到一個夏日燒烤派對，吃著微焦的漢堡，搭配著雞尾酒，最後享用了水果甜點。杜索里爾說得真好：在那一瞬間，我就體會了人生。這種時間和記憶的重疊，正是阿德里亞把進食提升為「超越食物」的體驗追求。身為品味大師，他創造了一個「超級草莓」，我完全沉浸其中，彷佛把我彈射到一個充滿聯想和回憶的網絡中。這顆孤獨的草莓在我心中贏得了一席之地，如同普魯斯特筆下經典的瑪德蓮❸一樣，成為了食物能同時喚起懷舊、渴望、欣賞和驚奇的典範。

阿德里亞的草莓給我的沉浸式體驗，超出了我的預期。不過品味並不一定需要長途跋涉到羅塞斯的山區。消費儀式是情感的引發器，在任何地方都能帶來更多的喜悅、樂趣、陶醉和懷舊。

## 先吃甜點

一九九七年，加州富勒頓（Fullerton）的藝術家蘇・愛倫・庫柏（Sue Ellen Cooper）發現某家商店裡的一頂紅色寬沿帽。五十多歲的庫柏就此發現了新的自由和輕鬆，不再需要別人的認可來過自己的生活。「有何不可呢？」她心想，於是買下了這頂紅帽子，因為帽子讓她想起珍妮・約瑟夫（Jenny Joseph）❹某首詩裡的一句話——那正好重複了T・S・艾略特（T. S. Eliot）❺最有名的文句。在《普魯弗洛克的情歌》（The Love Song of J. Alfred Prufrock）中敘述者悲嘆著年華老去：「我已變老……已變老……」而約瑟夫則把老去看作是一個大膽的新開始：「當我年華老去，我當穿上紫色衣衫，戴著一頂不搭嘎的紅色帽子，雖然不合身，卻別具一格。」

就在這個時候——庫柏戴著自己的紅色寬沿帽享受生活時——她正為一名即將五十五歲的友人挑選禮物。她希望能找個與眾不同的禮物，不是常見的Hallmark合瑪克[6]卡片或一束花，還要是有意義的。「我們都應該像珍妮·約瑟夫詩裡的那個女性，」庫柏心想，「為什麼我們不多花點時間享受生活，做自己想做的事情呢？難道現在不是應當把樂趣和友誼排在首要事項的時候嗎？」於是她為朋友買了另一頂紅色寬沿帽，又為另一個朋友也買了一頂，她周遭愈來愈多朋友開始注意到這些紅色寬沿帽。這本來只是玩笑的一部分，但這個過程也形成了一種儀式，一種表達「人生苦短，在我們還有時間時好好享受吧」的儀式。

不久之後，庫柏邀請了所有戴紅帽的朋友一起喝茶——還堅持她們要戴上紅色寬沿帽、穿上紫色洋裝。一九九八年四月二十五日遂成為紅帽協會（Red Hat Society）

的第一個正式聚會，最初只限超過五十歲的女性參加，但現在已經開放給所有年齡層的女性，會員人數從此一直在增長。光是在我哈佛辦公室的三十二公里內就有十五個分會，這包括波士頓牙買加平原區（Jamaica Plain）的JP Red Hatters和比爾里卡（Billerica）的Red Hat Rowdies。這絕對不只是一個地區性的現象，在三十個不同國家都有分會，總會員數超過三萬五千人。

庫柏後來終於告訴《德瑟雷特新聞》（Deseret News）⑦，她認為紅帽協會是屬於大人的「遊樂園」，「我曾經為我孩子的學校、教會工作，也曾為了地區孩童中心募款，當然我們很喜歡做這些事，」她解釋道，「但總有人要讓這些女性有機會放假一整天或一個週末，好好休息放鬆一下。」她自詡為紅帽協會的榮譽皇太后（Exalted Queen Mother），鼓勵大家通過非傳統的方式追求放縱和樂趣。

紅帽成員的核心慣例之一，在每場聚會上都會落實的就是「先吃甜點」。這是提醒大家要即時享受生活中的喜悅。一位六十八歲的紅帽成員凱瑟琳，就曾說明她如何靠享受來品味當下的人生歡樂：「一手拿著一杯酒，一手拿著巧克力，然後開心地滑進天堂，說著『呀呼！多麼棒的一場旅程！』噢，我覺得我會在該死的時候死去，但在那之前，我要活得精彩。」

想要以紅帽協會成員為榜樣，機會無處不在。庫柏鼓勵她社區中的所有女性將樂趣、遊戲和放縱作為她們社會的核心價值。但享受生活的儀式也可以以其他非傳統的方式將人們聚在一起。在新冠疫情封城和社交隔離之後的幾年裡，即便是現代文化中最常見的聚餐儀式也在經歷全面的改革。

## 和陌生人吃飯

二〇二一年，疫情肆虐期間，安妮塔・密喬德（Anita Michaud）搬到了紐約市以赤褐色砂石建築為主的布魯克林高地（Brooklyn Heights）區。她來自安納堡（Ann Arbor），家族歷史悠久，世世代代都是餐廳業者、廚師以及酒店業主。她的祖父在密歇根州的普利茅斯開了一家中餐館，母親也跟隨著祖父的腳步，與她的父親一同開設了自己的餐廳——一間法式小酒館。

從小生長在美食和高級餐飲的世界，密喬德抵達紐約時心中充滿了對服務業的憧憬。然而，她發現這城市根本不是個不夜城，而是被封城隔離弄得支離破碎的城市，正在尋求原本的社交立足點。二〇二二年，雖然人們已經準備好重新開始社交，但許多社交聚會仍籠罩著憂慮的氛圍。對於密喬德這類年輕的移居者來說，問題在於：經過兩年只在Zoom❽上快樂交流之後，你要如何找到現實生活裡的朋友呢？密喬德沒有從網路中認識的人開始，她更大膽、更勇敢地直接找了六個陌生人——分別是朋友的朋友以及在交友軟體Bumble BFF上認識的人——邀請他們到自己家裡共進晚餐。她並沒將這個餐聚稱為「與陌生人共進晚餐」，反而鎮重其事地邀請這些她從來沒見過面的人一起在她家餐桌共享親密的一晚。她的邀請函上寫著：「與朋友共進晚餐」，這是一個承諾還是一個白日夢呢？

根據《紐約時報》相關報導來看，這些女性一個接著一個抵達密喬德家——完全都是陌生人——然後她們重新學習如何在同一個空間裡與新朋友聊天。重新交朋友是什麼的感覺？疫情最慘烈的時期過後，這是每個人心中都有的問題。研究人員預測在疫情封城期間和之後的一年，人們的社交圈縮小了平均一六％。

當密喬德餐桌上的陌生人開始談笑風生，或者彼此移到一旁聊天時，她知道他們找到了一些共鳴。在晚宴結束之前，她開設了新的群組，把所有人加進去，然後把這群組加到她不斷延伸的聊天紀錄中，每個群組都是不同晚宴餐聚上的客人。現在，她已經有超過八百個人排隊等著參加她辦的「陌生人」聚會——主要是年輕女性，大家都抱著一個簡單的願望：我今天或許能交到一個新朋友。

## 天冷時的暖心

就算是一碗簡單的湯，只要加上一點小小的儀式感，也能創造出那種社群感。各種文化都有自己的熱湯版本，用來治癒身體或靈魂。有些猶太家庭會想來碗恰到好處的雞湯麵；泰國家庭則是他們最愛的椰奶湯；而韓國家庭多會選擇蔘雞湯。如果你是義大利奶奶，那你可能私藏了絲綢起司（stracciatella）的特製做法；如果你在越南長大，那就可能會在濕冷的天氣裡來碗熱熱的牛肉河粉。

這些湯品之所以令人感到舒適，不僅因為它們的營養和療效，還因為每一口都有被呵護的感受。維樂麗．齊維格（Valerie Zweig）是Prescription Chicken與Chix Soup Co.公司創辦人，提供自製雞湯遞送服務，齊維格對數位雜誌《Oprah Daily》解釋人們訂購他們湯品的真正原因：

> 人們不會因為飢餓而訂購雞湯，通常背後還有其他原因。也許他們感到疲憊，或者是覺得自己需要一些呵護和關懷；也許他們感到心情低落或者思念家鄉；也許他們身體感覺不適。無論出於何種原因，這碗湯都希望能夠讓狀況好轉些。

在享用這些治癒湯品時，人們感受到的是一種關懷：他們能品嚐到那份溫柔。這讓他們彷彿體驗到了冷敷的感覺，躺在舒適的被子下，還能聽見父母細心照料時的安撫聲音。湯品和湯水，儘管簡單，卻蘊含著深刻的風味。人們在享用的同時，也在品味著關愛與溫情。不管是樂觀地迎接陌生人來家裡參加晚宴，還是沉浸在童年時光那些熟悉的美食中，食物和飲品的味道往往帶來我們所渴望的情感體驗。消費儀式可以激發我們去品味最微小、最平凡的快樂。

雖然大多數人將品味與吃喝聯繫在一起，但在科學文獻中，品味（savoring）這個詞有更廣泛的定義，指的是對日常生活中所有方面的高度關注和欣賞，我們可以持續並擴增這種感受。行為科學家們已經確定了四個最成功的策略，來實現這種更廣泛的品味定義：試著感受積極的當下並且欣賞這些時刻；與其他人分享、慶祝品味；通過微笑等非語言方式表達我們的品味；最後，對於過去正向的經驗要謹記細節，同時期待那些即將到來的美好時刻——這些過程我在回應阿德里亞的神奇草莓時已經描述過了。研究人員將這種積極的心理時光旅行（positive mental time travel）稱為積極MTT。

## 積極的心理時光旅行

我在哈佛商學院時，經常利用一個我稱為「宅男實驗室」（NerdLab）的團體來輔導博士生。有一天，我的學生張廷（Ting Zhang）問了一個出乎意料但很有趣的問題：為什麼人們要做時光膠囊？張廷猜測，重新發現過往的經驗會讓熟悉的事物轉變成令人愉悅的新鮮感。把平凡的日常物品埋在地下（如今天的報紙），然後過一段時間再挖出來，這個儀式不只是為了記憶，也為了重新發現、品味當下、過去和未來。儀式可以帶來與「似曾相識」相反的感覺：一種「從未見過」的體驗。我們決定紀錄並理解這種重新發現的經歷——探索是什麼將日常生活中平淡無奇的事實轉變得更有意義。

我們請波士頓地區的一百三十五名大學生，在學年結束時製作時光膠囊，裡面充滿了他們最近生活的痕跡——像是他們參加的最後一場社交活動、最近聽的三首歌、一篇期末論文的摘錄等等。在封閉時光膠囊後不久，我跟這些學生說當三個月後他們再打開來看時，會有多感興趣和好奇。坦白說，他們並不是特別興奮，因為覺得這些物品很平凡，幾乎像是垃圾，太過熟悉了。怎麼可能會在重新看到時感到有趣呢？

然而三個月過去後，他們的態度有了顯著改變。我們的受試者回報說，他們現在迫不及待地想要查看他們在時光膠囊裡放了什麼——而他們也在事後告訴我們再次看到它們時有多開心。儘管他們一開始認為自己很清楚記得放進時光膠囊裡的東西，但其實他們已經忘了差不多，重新發現這些東西讓他們感到非常開心。

從行為科學家研究儀式的角度來看，我們研究中最令人驚訝的發現之一是，重新發現的優點尤其適用於平日瑣事上，而不需要是特別的事件——這些事件通常在我們幾乎沒有留意時發生，不是太瑣碎，就是太熟悉到無法引起我們本來就有限的注意力。在另一項研究中，我們讓一百五十二位戀愛中的人描述他們生活中的兩個不同日子：二月七日和二月十四日。三個月後我們做了後續追蹤，讓他們重新閱讀自己寫的內容，並問他們有沒有感到欣喜。你可能會以為回憶在情人節這一天度過的浪漫之夜，應該比回憶一個平凡無奇的二月七日更加令人興奮吧。但因為人們通常會對情人節記憶深刻，並沒有太多需要重新發現的內容。相反的，他們更喜歡重新回顧那些更有可能被遺忘的普通日子。

就像參加另一個研究的一位家長所說的：「重新閱讀我和女兒一起做的平凡瑣事，確實讓我一整天都很開心。我很高興自己選擇寫下這個事件，因為這讓我在此時此刻無比開心。」雖然懷舊的感覺有時會帶著些許苦澀——感傷日子過去得飛快——但有證據顯示，懷舊的思維可以增加我們的幸福感，甚至讓我們覺得人生更有意義。這看似奇怪的埋葬現在的儀式，其實提供了我們一個能夠回溯過往時光的獨特機會。

## 透過捨棄來品味

最近在瑞典出現了一個叫做「死前斷捨離」（döstädning）的儀式——瑞典文「dö」意思是死亡，加上「städning」為清理之意。這個詞彙大概可以翻譯成「死亡清理」（death clean），但這個儀式並不是在死亡前後進行的，而是邀請當事人回頭檢視自己家中的所有物品——它們現在對你或你的家人是否有用？未來的自己會使用或珍惜它們嗎？如果答案皆否，那就是跟這些物品說再見的時候了。在伊朗，春天來臨時，人們會慶祝諾魯茲節（Nowruz），這是一個汰舊換新的象徵儀式，不僅僅是清理房屋，而是一種「搖晃」（khoneh takooni）房屋的寓意。

二〇一七年，瑪格麗塔．曼努森（Margareta Magnusson）出版了暢銷書《死前斷捨離》（The Gentle Art of Swedish Death Cleaning）[9]，建議讀者要如何好好地處理這種最終的清潔儀式。她描述「döstädning」是一個重新發現的機會，是一個有意識的淘汰過程，可以帶來了一種愉悅的清晰感：「重新檢視這些物品，回憶它們的價值，真是一種樂趣。」清理工作不只是打掃和擦拭——當然這也包括在內——更多的是承認這堆「東西」並不會陪伴我們進入下一個生命階段。我們不僅可以享受消費的樂趣，也可以享受減法的樂趣。就如現代主義派的知名建築師密斯．凡德羅（Mies van der Rohe）[10]的名言——少即是多。

過去，春季大掃除（spring cleaning）會被認為是必要之事：十九世紀的美國，春天是清除燃燒木材、煤炭和鯨油所積的煤煙的時候。但是對現今許多人來說，春季大掃除象徵著淨化他們的空間，為接下來的新季節做好準備。二〇二二年，七八%的美國人都參與了大掃除的儀式，比二〇二一年的六九％增加了一些比例。住在紐約市的演員兼書法家拉吉夫・蘇倫德拉（Rajiv Surendra）就是其中一位熱衷於季節性清潔的人。蘇倫德拉認為應該像灰姑娘一樣跪在地上把所有地方都清潔一遍。他告訴《紐約時報》表示，說：「在我進行清潔的那一週，我感覺自己像是按下了暫停鍵，生活靜止了下來。」他的清潔儀式之一是「每件物品至少都要摸過一遍」。蘇倫德拉的淨化儀式其實與那日本知名的生活大師近藤麻里惠（Marie Kondo）相差不遠。近藤告訴許多粉絲和追隨者：「整理的關鍵是一次拿一件物品，然後靜靜地反問自己『這有令我怦然心動嗎？』留意自己的身體是如何回應的，開心是很個人的事，所以每個人的體驗都不同。」她說這種心動是「一點點興奮，彷彿身體裡的細胞都慢慢站起來。」如果沒有這種感覺呢？那就丟進垃圾桶。這些清理儀式展示了「少即是多」的力量。近藤的許多追隨者都可以證明這種方法的效果：這個「怦然心動法則」確實協助他們更有意識地選擇什麼東西該保留，並珍惜這些物品。

消費和重新發現的儀式豐富了我們的日常生活。而行銷業者也發現了這類儀式的魅力，紛紛推出帶有他們產品的無數儀式。時代啤酒絕非是特例，利用儀式大發利市的企業名單愈來愈長。今天你可以買到儀式化的知名維他命、洗浴產品、咖啡、外帶餐點，甚至是龍舌蘭酒。二〇一七年，Oreo餅乾發起一項「泡一泡Oreo挑戰」（Oreo Dunk Challenge），籃球明星俠客歐尼爾（Shaquille O'Neal）第一次不靠手「灌」泡Oreo餅乾，主打「讓Oreo餅乾灌入文化中」。飲料品牌「Uji」將消費描述為「一種液體儀式」；內布拉斯加美式足球賽上的漢堡設計成內布拉斯加州的形狀，而剝玉米人（Cornhuskers）隊球迷則會把醬料擠成普拉特河[11]的樣子。這些儀式固然成功——Uji的使用者、來自費城的安娜塔西亞就曾裝腔作勢地表示：「謝謝你們在杯子裡創造了魔法」——科學研究顯示，與其被動地接受（或購買）公司設計和市場推廣的儀式，我們可以成為積極的參與者，投入精力和注意力來打造屬於自己的儀式。消費儀式提醒我們要珍惜、品味，從日常生活的每個時刻、每個回憶、每一口啜飲和咀嚼中找出更多的怦然心動。

❶ 編註：Fika 在瑞典語中的意思是一起喝咖啡、吃甜點聊天的休憩時刻，不管是週末還是工作日，大部分瑞典人一天要進行好幾次 Fika。

❷ 編註：費南・阿德里亞（Ferran Adrià，一九六二～），西班牙的著名廚師，擁有米其林三星頭銜。

❸ 編註：瑪德蓮（Madeleine）是經典的法式糕點，更因出現在二十世紀初法國文學家普魯斯特（Marcel Proust）筆下，成為深植於法國人共同記憶裡的文化代表。

❹ 編註：珍妮・約瑟夫（Jenny Joseph，一九三二～二〇一八），英國詩人，以《警告》這首詩而聞名。

❺ 編註：T・S・艾略特（T. S. Eliot，一八八八～一九六五），美國及英國詩人、評論家、劇作家，其作品對二十世紀乃至今日的文學史上影響極為深遠。一九四八年獲頒諾貝爾文學獎。

❻ 編註：Hallmark 合瑪克為美國百年品牌，強調天然香氛保養。

❼ 編註：《德瑟雷特新聞》（Deseret News）是美國西部持續發行時間最長的新聞出版物，現為多平台的媒體，內容涵蓋新聞與政治、文化、運動、娛樂與信仰等主題的評論文章。

❽ 編註：Zoom 是全世界相當熱門的免費應用軟體，可多人多屏視訊會議，被廣泛使用於在家工作、遠距教學與社交上。

❾ 編註：《死前斷捨離》繁體中文版由愛米粒出版社於二〇一七年出版。

❿ 編註：密斯・凡德羅（Mies van der Rohe，一八八六～一九六九），德國建築師，亦是最著名的現代主義建築大師之一，他創造了一種以精確簡潔為特徵的建築藝術，並富有結構的邏輯性。

⓫ 編註：普拉特河是美國內布拉斯加州的一條主要河流，長約五百公里，由北普拉特河和南普拉特河匯合而成。

Chapter 6

# 如何持之以恆？

## 自制力的正面效益

「我想做得好，但不是現在。」

——吉莉安．威爾許（Gillian Welch）❶

你有沒有試過這樣的早餐開始一天？有機低脂香草優格、覆盆子、黑莓、核桃和全穀麥片。如果有，那真是太棒了。一個健康的開始，展現了極好的自律。

也許你的午餐也同樣讓人佩服，有機活力綠色蔬菜加上零脂萊姆羅勒醬？

但是接下來呢？你是否有過這種情況：一個令人印象深刻的開始，卻以糟糕的結尾收場——薄荷巧克力冰淇淋三明治、乳酪蛋糕、啤酒和白葡萄酒？我們常常想自我克制，例如採取更健康的飲食習慣，但有時成功，有時失敗。冰淇淋三明治搭配啤酒與白酒，絕對不會是這計畫的一部分。

飲食只是我們很難真正做到自律的其中一個例子。抵抗誘惑在我們的日常生活中無處不在，而誘惑的形式則有許多種。

四位心理學家：凱琳・佛斯（Kathleen Vohs）、威爾罕・霍夫曼（Wilhelm Hofmann）、羅伊・鮑梅斯特（Roy Baumeister）與喬治・福斯特（Georg Förster）招募了兩百零五名來自德國烏茲堡（Würzburg）地區與周邊的人，進行一個為期七天、以日常生活中的誘惑為主題的研究。每天有七次，這些受試者的智慧型手機會接到提示，詢問他們「現在是否有某種渴望」——好比嘴饞、衝動或很想去做特定的事。每次收到提示後，將近有一半的人會回報自己正掙扎於該做或想做的事當中——也就是自古以來大家總會說的「意志薄弱」。超過一半的人提到與拖延相關的心理衝突——為了要把事情做完，努力克制著會讓他們浪費時間的誘惑。另一個常見的掙扎則是健康和健身——嘗試運動、吃得健康，並減少飲酒。對咖啡的渴望在早晨達到高峰，對酒精的渴望在晚上達到高峰，而午睡的渴望則始終存在。其他禁制的目標包括不亂花錢和對伴侶忠誠。

接下來，所有受試者會收到一個與他們特定的誘惑相關的問題：你成功抵擋住了嗎？成功機率果然不出意料——大概有四二%時間的自制努力都失敗了。而且，如果當天愈是已經抵擋過多次誘惑，後面的誘惑就愈難抵擋。果然我們每個人都有自己的極限。

雖然通過之前無意識自動化決策養成的習慣可以幫助我們提高自控能力，但這並不能萬無一失。我們可能在家裡養成了良好的習慣——不在家裡放零食——但這些習慣可能無法隨時都維持著。例如，我們可能有看電影時吃零食的習慣。心理學家大衛・尼爾（David Neal）、溫蒂・伍德（Wendy Wood）、吳孟如（Mengju Wu）和大衛・柯蘭德（David Kurlander）攔住了正準備進影院的人，並給了每人一盒免費爆米花。不過一半的人拿到的是新鮮的爆米花，另一半的人則是已經放了七天之久老掉的爆米花。好消息是，那些沒有看電影吃爆米花習慣的人，吃老掉爆米花的量比新鮮爆米花少。但那些有看電影吃爆米花習慣的人，顯然根本沒注意到這兩種爆米花的差異

——不假思索地兩種都吃得差不多。

然而，儀式的運作與習慣不同。儀式提供了一種不同的自我調節方式。

## 最初改變人生的魔法

我們許多人都感覺自己被困在一場內心的無休止戰鬥中——當我們內心最善良的天使試圖抵抗我們最壞的衝動時，內心的惡魔卻會敦促我們選擇輕鬆的路走，放棄抗拒。我們要不是試著努力做好，就是已經失敗了而深陷內疚之中。因為我們一直以來都很盡力想做到更好的自我控制，所以全世界的宗教都設計了一些儀式來幫助我們。佛教到基督教，再到印度教、伊斯蘭教和猶太教——當然還有很多——這些宗教都包含了自我克制的元素，要求我們展示自律來證明我們的虔誠。在一天的特定時刻、一週的特定日子，甚或一年裡的特定月份，我們必須放棄一些熱愛的事物。（人們也偶爾會試圖玩弄這個系統，例如，曾有位母親寫：「為了大齋期（Lent）❷，我的孩子再一次發誓要放棄（他從來沒嘗試過的）青花菜。」）

政治理論家邁克爾・瓦爾澤（Michael Walzer）指出，十六世紀宗教改革的重點主角、喀爾文派創立者約翰・喀爾文（John Calvin）設計了許多禁慾樸素的儀式——像是在禮拜儀式裡不得使用樂器等——這不僅是他不認同過度華麗的羅馬天主教彌撒，也鼓勵信徒在彌撒結束後，依舊要在日常生活裡實行節儉。

宗教真的幫助我們聆聽內心的善良天使了嗎？就某個顯著層面來看這確實做到了。謹守分際通常意味著要接受別人的審視。隸屬於一個公開的宗教團體，可以提供我們在社會及情感上的支持，但如果我們失敗了也會成為社會的恥辱。不過，心理學家澤夫・馬庫斯（Zeve Marcus）和邁可・麥可庫羅（Michael McCullough）指出，宗教的幫助遠不止於對社會污名的恐懼。他們特別強調，宗教對努力執行儀式的重視——參加禮拜、祝禱、冥想和禁食等——可以幫助人們提升自我調節和控制行為的能力，總的來說，就是提升他們的自律能力。

宗教確實在人類一些最令人驚嘆的自我控制壯舉中扮演了重要角色。舉例來說，從十一世紀開始，日本佛教真言宗（Shingon）❸的和尚們就開始遵循以下的儀式：

> 在前一千天裡，要進行嚴格的運動，並只靠水、種子和堅果為生。
> 接下來的一千天，要喝通常用來製作油漆的有毒樹汁泡製的茶。
> 然後以蓮花座的盤腿坐姿活埋在石墓中，透過一根管子呼吸，每天搖一次鈴，當鈴聲不再響起，即封閉墓穴。

經過再一千天後，石墓被打開時，那些在死亡時自我木乃伊化的僧侶——也就是「即身佛」[4]——就會被展示在寺廟裡供人瞻仰。

儘管這種儀式相當極端，但他們並不是特例，這些實踐也不僅限於過去的千年。於十三世紀建立的希臘西蒙岩修道院（Simonopetra），他們有一個儀式是整整二十四個小時不吃不喝站著不動，就如哲學家西蒙・克里奇利（Simon Critchley）曾在《紐約時報》中描述的：

空氣中瀰漫著沉重的沒藥香氣，來自擺動的燃香爐，它像是一種敲擊的伴奏，伴隨著他們的唱誦聲音。這些僧侶的身體修行真是讓人難以理解。他們站了幾個小時，一動也不動，不抽搐、沒有坐立不安、也不咬指甲。沒有人喝水甚至看起來口渴。直到午夜時分，我才注意到有一兩個人忍不住打了個呵欠，但也不過如此而已。

在這兩個例子中，儀式與超凡的自我控制行為密切相關。根據研究顯示，宗教儀式有助於人們動用資源以實現特定目標——虔誠的宗教信徒不太可能入獄，少有濫用藥物的情況，反而更可能選擇接受進一步的教育。

但這些例子中都缺少一個重要的對照組：那些嘗試過類似自我控制壯舉，但沒有宗教或儀式參與的人群。一個至關重要的問題仍然存在：宗教儀式是否真的能幫助人們施展更大的自我控制，還是人們也可以透過沒有深厚傳統歷史背景的儀式達到類似的成就？

## 棉花糖測驗

大多數人都聽過心理學家沃爾特・米歇爾（Walter Mischel）的「棉花糖測驗」：給年幼的孩子一顆棉花糖，告訴他們如果能等待十五分鐘都不碰，就能拿到兩顆棉花糖。這個測驗完美地展示了延遲享樂（delayed gratification）的概念，也就是我們克制自己的欲望，就能為了更大、更後面的利益而忍耐。（宗教方面的類比是在世俗生活中秉持著善良正直的美德，就能在天堂中得到永生。）參加這個測驗的孩子會面臨痛苦、侷促不安，掙扎是否要堅持下去，還有什麼辦法可以幫助他們拖延這種即時性的滿足，換取雙倍的獎賞呢？

人類學家薇羅妮卡・萊班斯卡（Veronika Rybanska）和同事試圖提升孩子們延遲享樂的能力，找來斯洛伐克和萬那杜（Vanuatu）共兩百一十名孩童（大多數為七、八歲）進行為期三個月的實驗。這三個月裡，學童們會被從常規課程中抽出，參加一系列的遊戲。其中有個遊戲為「鼓聲節拍」（Drum Beats），孩子們被要求學習根據鼓聲節奏的快慢做出相對應的動作：

> 孩子們聽到快的鼓聲時要快速走，慢的鼓聲時要慢慢走，然後鼓聲停止時就要停下來。有時老師會要求學生用相反的方式反應（鼓聲快時慢慢走，鼓聲慢時快速走），甚至還有把不同的動作與特定的鼓聲聯繫在一起（例如鼓聲快時要跳躍，鼓聲慢時要爬行）。

每個遊戲都是設計來幫助孩子練習自我控制。以「鼓聲節拍」為例，對抗性指令的回應——從快節拍時快速行走到快節拍時慢慢行走——需要付出努力和自律。

三個月之後，所有孩子都接受了一個類似棉花糖測驗的考驗——他們可以選擇立即得到一顆糖果，還是稍後得到三顆糖果。前面的這些節奏練習確實起了作用。經過三個月訓練的孩子，比那些沒參與過遊戲的孩子更能夠拉長延遲滿足感的時間。

但萊班斯卡的研究還有一個更複雜的層面。研究人員將參與遊戲的孩童分成兩組。老師給第一組的孩子一個明確的理由，告訴他們為什麼要參加這些遊戲——如果他們努力練習，並在節奏變快時跳得更好，他們將成為更好的舞者。對第二組孩子，老師根本沒有給出任何理由，三個月結束時，老師只是告訴孩子們開始一起走路和跳躍。結果呢？那些沒有給理由的孩子似乎自己找到了原因：這些動作一定有更深的意義。（記得史金納的那些鴿子，他們認為自己隨機啄食和晃動頭部的動作是有意義的嗎？）這代表第一組的孩子是被訓練成認為這些遊戲只是練習，而第二組的孩子則將這些遊戲視為更具儀式性的活動。而第二組孩童的數據資料顯示，他們比其他組的人更能忍耐，更能拉長延遲享樂的時間。

這就是儀式的工具箱本質。是的，我們會依賴它們來幫助我們在最想要享受的時刻慢慢品味。但同時，當我們決定享受已經持續得夠久時，我們也會依賴它們來幫助我們收拾心情。

## 困在循環迴圈裡

真言宗的僧侶們連續數千天都在做同樣的事情。儀式和重複動作可以是磨練自我控制的強大工具，但隨著時間推移，這些儀式性行為反而會開始控制我們。幽默作家大衛・賽德瑞斯（David Sedaris）是個強迫症（obsessive-compulsive disorde，縮寫成OCD）患者，他在兒時發展出許多重複性儀式。賽德瑞斯在散文《面部痙攣之苦》（A Plague of Tics）中生動地描繪了自己與老師對抗的經歷，該故事不僅讓人大開眼界，還充滿了幽默感。

> 「你一直上上下下，像個跳蚤一樣。」老師說，「我才轉身過去兩分鐘，你就把舌頭黏在電燈開關上。也許在你家鄉人們都這樣做，但在我的教室裡，我們可不能隨心所欲地離開座位去舔東西。那可是切斯納特老師的電燈開關，她喜歡開關是乾的，你難道會喜歡我去你家舔開關嗎？會嗎？你會嗎？」我試著想像老師這樣做的場景，但我的鞋子卻一直輕聲地喊著：「把

我脫掉！用腳後跟敲額頭三次。現在就做，快一點。沒有人會發現的。」

強迫症被定義為固執的強迫行為和對「秩序或對稱的需求」。心理學家理查德・墨丁（Richard Moulding）和麥可・凱里歐斯（Michael Kyrios）提到強迫症的特徵是「個人努力控制自己的想法，並想運用儀式來掌控周遭世界。」換句話說，患有強迫症的人欠缺控制力，但對控制的渴望卻很高。儀式有助於恢復這種控制感，但無法完全——因此導致有愈來愈多的儀式。密西根大學的凱特・費茲傑洛（Kate Fitzgerald）表示，這就好像「他們的腳踩在煞車器要停下來，但那煞車根本沒有與輪子相連接，其實根本停不下來。」這也是為什麼強迫症的核心症狀之一是進行受控的重複行為——例如反覆檢查鎖頭和設備，不斷重複確認至愛的人是否安全，還有其他行為像是計數和用腳輕敲。

人類學家艾倫・費斯基（Alan Fiske）指出，強迫症的根源深深植根於人類心理。他指出強迫症相關的行為與古老時期的捕獵－採集社會的儀式有功能上的相似性。這些早期文明都會迫切地檢查乾淨的食物和飲用水是否有污染，同時也要保持警惕，防範動物和敵人的入侵。他認為，強迫症其實就是我們祖先為了保持健康和安全而定期進行的儀式行為的病態表現。

有強迫症的人會發現要停止展示他們的儀式非常有挑戰性——有時候甚至根本做不到。這種狀況下，這些儀式行為已經成為一個目的的本身，賽德瑞斯就曾描述了他童年時期的一個行為：前後搖晃，「我沒有比這個更想做的動作。這不是為了搖自己入睡，也不是朝向更大目標前進，前後搖晃這個動作本身就是目標。」

談到儀式和自我控制，很難不提到儀式在厭食症等飲食障礙中的角色。許多患有厭食症的人會培養出一些不攝食或節制攝食的儀式，有時與我們在研究中使用的類似。舉例來說，在心理學家黛博拉．葛拉索非（Deborah Glasofer）和喬安娜．斯坦葛拉斯（Joanna Steinglass）的研究中，一名化名珍恩的女性回報自己有一個飲食的儀式：「一百五十卡的午餐：零脂優格和一把莓果……用小孩尺寸的湯匙來讓『優格可以吃慢一點』，每口之間還會喝一小口的水。」這個儀式在珍恩看來是有效的。青少年時期，這樣的儀式讓她成功減肥，一開始還覺得很有成就感。不過多年以後，珍恩就失去了控制，變得非常瘦、且病懨懨的。正如葛拉索非與斯坦葛拉斯所寫道的：「她的例行公事幾乎是自動進行的，而不考慮結果。」這些重複的不攝食儀式可能與暫時的快感和控制感聯繫在一起，這使得患有厭食症的人難以擺脫這些儀式。

有些治療選項試圖通過使用其他儀式來打破毀滅性的儀式。例如，對強迫行為最常見的治療之一是「習慣逆轉」（habit reversal）訓練。這個想法是找出導致問題的根本行為，並用其他方式替代它。例如，咬指甲這種壞習慣，當事人會被訓練要注意當自己的手移向嘴巴時，改成做其他事情——例如，緊握拳頭，放在身旁兩側，然後數到三。這在文獻中被稱為「競爭反應」（competing response）。你可能會注意到，這其實也是一種基本儀式——一組可重複的動作，幫助我們暫停並重新控制正在做的事情。

許多戰勝毒癮或過度進食等惡性循環的方法，都建立在開發儀式作為對抗或競爭反應的基礎上。馬克・席曼（Mark Seaman）是一位康復中的上癮者，他在賓州西雷丁（West Reading）的音樂教室「Earth Rhythms」工作。他帶領一個康復計畫「擊鼓打毒」（Drumming Out Drugs），目標是要用音樂建立社群，藉此取代對毒品的依賴。席曼深知戒毒者通常感到孤立無援，建立人際關係對打破這一循環至關重要。席曼計畫讓打鼓成為一種新的儀式，一種取代與毒品依賴相關行為的新方式。「敲鼓可以深深觸動人們的內心。敲鼓帶來的是一種聯繫和社群共感，整合了身、心、靈。」席曼說。

席曼開始會談時，他會請人挑選一支鼓，讓團體中其他人在他擊鼓時去感受。從一開始的不明所以到後來慢慢變得協調，接著整個團體就開始一起創作音樂。每一次的聚會最後是把鼓聲與冥想結合。這是除了戒酒無名會（Alcoholics Anonymous）[5]之外的全新團體治療療程，也是一種新的儀式，目的是定期聚集人們，減少他們復發的機會。

[1] 編註：吉莉安・威爾許（Gillian Welch，一九六七～），美國創作歌手。

❷編註：大齋期（Lent）亦稱大齋節、大齋節期，每年復活節前四十天，天主教會、東正教會稱四旬期，信義宗稱預苦期，是基督教教會年曆一個節期。

❸編註：真言宗是日本佛教主要宗派之一，密宗的一種，最早起源於印度佛教，四世紀流傳於中國，又由惠通傳入朝鮮半島，稱為「東密」。

❹編註：即身佛即得道者。這是佛教追求的修行成果，除了密宗之外，即身成佛還深深地影響了淨土宗和禪宗。

❺編註：戒酒無名會（Alcoholics Anonymous）是一個國際性互助戒酒組織，一九三五年在美國俄亥俄州阿克倫成立，現在會員超過二百萬。

Chapter 7

# 如何成功？

## 透過儀式（和錯誤的經驗）

大家都知道成長是痛苦的。

——班・弗茲（Ben Folds）❶

日文有一個詞彙「侘寂」（wabi-sabi）很難翻譯——「侘」大致上是指「簡單的優雅之美」，「時間的流逝和隨之而來的衰退」，這個詞彙表達了一種整體的理念：既要認識到所有事物終將破碎和衰老，也要欣賞這過程中所產生之全新的美。

我們的一生一直都在變化——成長、學習、成熟、衰老。我們也時常對生活做出刻意的改變。有些改變很簡單，比如從只吃香草冰淇淋轉而喜歡巧克力冰淇淋，沒什麼大不了。至於那些重大的轉變——當我們為人父母，或向父母坦承出櫃；開始全新的事業或開始康復——事情就沒那麼簡單了。這些改變會直接影響到我們的身分認同，我們無法直接拋棄過去的一切，重新開始。反而會帶著一些過去的元素一起前行。就如「侘寂」，美麗的事物是從打破本來的自己、搜集好碎片之後，重新捏塑出一個全新的自我，經過所有的努力和掙扎後，這個新的自我變得更加有意義和真實。

## 通道儀式

二十世紀初，正在研究法國民俗的阿諾・范傑那（Arnold van Gennep）提出了「通道儀式」（rites of passage）這個術語（他的著作正好就叫做《Les rites de passage》），用來描述我們人生裡這些重大轉變的時刻。他觀察到不同社會、文化的人們在尋求自我重塑時，通常會使用一些儀式來引導自己。范傑那注意到了三個顯著的轉型期：分離儀式（rites of separation），當我們放下舊身分時；過渡儀式（rites of margin），我們正處於變化的掙扎當中；還有融合儀式（rites of incoporation），我們完全進入了全新的身分認同。第二個階段——過渡儀式是最模糊，但也是最重要的。

在這個階段，成長的儀式將我們從「存在」轉變為「成為」，從邊緣回到中心，從混沌中找到穩定，從過去的自己變成未來的自己。

當你看到不同文化中成長儀式的頻率、範疇和複雜性時，就會明白范傑那論述的架構為什麼這麼優雅而簡單。儘管成長儀式的形式千變萬化，但它們始終用來幫助人們從一個自我轉變到另一個自我。

對艾美許人（the Amish）❷而言，「野放」（Rumspringa）——字面上就是「到處亂跑」——通常是在十六歲開始，此儀式結束後就轉大人了。在這個階段，青少年可以短暫遠離艾美許的嚴謹生活，可以嘗試像是開車、喝酒，甚至吸毒。當這段時期結束後，青少年要決定是否要接受洗禮成為真正的艾美許成人，或是要永久離開這個社群團體。

在巴西的薩特雷－馬威部落裡，十三歲的男孩要經歷子彈蟻（bullet ant）的成年禮。八十隻子彈蟻——螫針疼痛指數最高的昆蟲——被編織成特製手套，而且螫針都朝內。每個男孩都必須戴上這個手套五至十分鐘，而且不只一次，要重複二十次，才能被認可為成年人。

猶太教裡，成人禮得要完成「誡命之子」（bar mitzvahs）和「誡命之女」（bat mitzvahs）的儀式，參加者要在十二、十三歲時，在家人和社區鄰里面前背誦《妥拉》（Torah）❸。根據猶太教傳統，這個年齡的孩子準備跨越一個里程碑，與信仰建立更獨立的關係。他們現在可以對自己的社群團體負責，在信仰中成長，成為更加成熟的猶太人。

在挪威，高中生會在最後一個春季學年參加「拉斯狂歡」（russefeiring），這是一種通道儀式，學生們要戴上有絲繩的帽子，完成當地「拉斯委員會」認可的每項挑戰後，就在帽子上繫上一個「拉斯結」。挑戰包括了在樹上過夜（帽子上繫一根樹枝）、在超市裡爬行並像狗一樣吠叫和咬顧客的腿（繫上一塊狗餅乾），還有在商場裡隨機問人是否可以借一個保險套（繫上一個保險套）。在這些尷尬和搞笑的挑戰中，有一個看似簡單的：在五月一日前游泳，這聽起來確實不像是一個挑戰耐痛力的行為，但別忘了這是在寒冷的挪威舉行的。

雖然來自不同文化的這些儀式內容大相徑庭，但總是有些共同的元素一再浮現。身體行動是其中一個永恆存在的元素——我們透過背誦、攀爬、爬行轉成大人。這些身體上的壯舉通常也是勇氣的考驗（無論是忍受子彈蟻的叮咬還是向陌生人要保險套）和獨立性的測試（在眾人面前背誦神聖經文；在戶外無人監督的情況下待一段時間，比如在樹上）。而這兩種元素會彼此強化，讓孩子們覺得自己已經準備好邁進人生的下一個階段，然後勇敢地出發，去實現自己的目標。

事實上，通道儀式的存在遠遠超出從童年到成年的轉變。古老的梵文詞彙「samskara」意味著準備、結合、已臻完美。在印度教，「samskara」也指我們生命中的每一個過渡階段，從我們的父母想著懷孕，直到我們生命結束。另外還有Garbhadhana（受孕）、Jatakarman（出生）、Namakarana（命名）——等等，從寶寶第一次外出、第一次嘗試固體食物、第一次剪頭髮、穿耳洞都有。而這些還只是我們的幼童時期；《喬達摩法經》（Gautama Dharmasutra，約公元前六百年至前兩百年）就條列了四十種的通道儀式。

在我們生命中的每個重大轉變時刻，我們都依賴著通道儀式。大學畢業時，我們披上學士服、戴上學士帽，領取我們的畢業證書。結婚時，我們穿著結婚禮服，走過教堂的走道，說出我們的誓言。退休時，我們會接受到別人的舉杯祝賀、烤肉歡慶，或搭上已經全額付清的郵輪環遊世界。無論我們之前是什麼樣的人，現在我們已經是別的身分了：成年人、畢業生、配偶、退休人士。這些儀式性的慶典標記了這個重要時刻，象徵著這一系列的行動將我們從過去帶向未來，幫助我們看見全新的自己。

## 儀式中的「我」

回想一下自己從一個身分轉變到另一個身分時的感受：第一次離鄉背井；成為「丈夫」、「妻子」或「父母」；跳槽到另一個專業領域工作。

我立刻想到一場所有人都已經到場卻始終沒有開始的學術會議。時間一分一秒地過去，讓我感到愈來愈不安——發生了什麼事？或者說，還好沒有發生什麼事？直到我發現自己是在場所有人當中年紀最長的，每個人都在等我開口，突然間，我意識到自己已經被賦予為智者、長者，那個剛入行的新人階段已經結束了。

我之所以毫無頭緒，有部分是因為當時（還）沒有任何儀式來賦予我這個地位——我還沒獲得終身職位，那個經過全部職員投票通過（在哈佛商學院甚至還會頒發一個榮譽哈佛學位給你）。當你擁有了終身任期，而其他人沒有的時候，由誰領導會議就很明確了。當時的我正陷入蘇格蘭人類學家維克多・特納（Victor Turner）說的「非此非彼」（betwixt and between）階段，也就是職場上同時處於兩種身分認同的過渡空間裡——一個是初級職員，一個是資深專家——而我不知道該怎麼應對。我在這種模稜兩可的時期，儀式扮演了重要且非常獨特的角色——讓我們從某一個身分認同移轉到另一個。而在前面這個特別的例子裡，如果沒有儀式引導我，我覺得自己迷失了。

當獲得終身職時，我的實際工作內容其實沒有太大變化：教課的時數一樣多，發表一樣數量的學術論文、依舊將延宕論文寫作的時間拿來看紅襪隊比賽。不過我開始用不同的角度看待自己，我的身分也有了改變，我現在確實是這間學術機構的標竿人物之一，是其他人尋求知識和專業意見的人。學校不再只是我工作的地方，而是成為了我的學校，也成為我身分的一部分。

這些時刻展示了儀式與「身分建構」的緊密聯繫。想像一下這種工作在一個標誌性的身分轉變和成長過程中的角色。在俄羅斯的太空人計畫中，這些軍官必須經歷多年密集且殘酷的強度訓練，才能抵禦太空旅行帶來的身體和心理壓力。當他們最終準備從航太軍官轉變為真正的太空人，在哈薩克的拜科努爾太空發射基地，他們會進行三個步驟的儀式，才能進行太空發射。發射前一晚，他們會觀看一九六九年的俄羅斯電影《白色的太陽沙漠》（White Sun of the Desert）。發射當天，他們會喝香檳，並在下榻的飯店房間門上簽名。最後，在前往發射台的路上，所有機組成員都會下車，在巴士左後輪解放自己。

這個發射前的儀式裡有一些是為了向俄羅斯開創性太空人尤里・加加林（Yuri Gagarin）[4] 致敬，他是第一個在巴士左後輪尿尿的人。就如其他演出前的儀式，這個儀式也是設計來讓心理情緒穩定下來。更重要的是，這儀式生動地描繪了從人生一個階段到另一個時，認同移轉的重要性。在飯店房門上簽名，也是一個很直白、留下我們印記的方式，而在別人財產上便溺則是另一種，動物們也會用這種方式來標記自己的地盤。對太空人來說，這些標記確認了他們從訓練生轉型成專業人士，並顯示出他們準備好出發的標誌。

那些最有效地幫助我們從一個身分過渡到下一個身分的儀式，通常是那些給予我們標誌的儀式，一系列讓我們感覺自己擁有的明確行動。這種動態可以在前面第二章中討論的IKEA效應研究中看到。我喜歡這個杯子，因為那是我的，如果這個杯子是我自己做的，我的身分認同感和所有權就會提升。就像杯子一樣，儀式也是如此：我們自己創造的通道儀式給予我們巨大的價值。這些儀式賦予我們所有權、行動力，以及在周圍留下我們的印記。我們的儀式標誌就是表達我們身分認同、價值和自我的其中一種方式。

## 嶄新的你

儀式有助於我們標記自己的身分和我們想成為怎樣的人，這就是為什麼在人生中的關鍵轉折點上，如成年、結為伴侶、成為父母、成為寡婦鰥夫時，我們總是依賴它們。但有時候還是會有缺口。許多重要的轉折點並不適合傳統的儀式。這時，我們打造全新儀式的能力變得尤為重要。

一九九〇年代初期，社會學家尼桑．魯賓（Nissan Rubin）、卡梅拉．施米洛維茨（Carmella Shmilovitz）以及梅拉．威斯（Meira Weiss）訪問了三十六位決定接受當時相對新穎的胃繞道手術的肥胖女性。醫生會把胃縮小到一個雞蛋大小來幫助減重。這些女性會如何應對這種可能改變身分的手術呢？有些女性稱這是她們的「最後一餐」——彷彿是等待處決的黑色幽默；有些女性決定把所有衣服都丟了，準備重新的開始；其他女性則選擇保留舊衣服，紀念自己的過去。後面這兩種作法看似矛盾，但都標誌著舊和新、過去和現在之間的象徵性界限。通過這些「個人定義的儀式」劃分界線，這些女性得以接受並擁抱新的自我。

性別轉換的儀式也扮演著類似的角色：身為一個虔誠的信徒，艾倫・斯提林根（Elin Stillingen）深切地希望挪威教會在她二〇二〇年合法更改名字和性別時承認這個改變。她在挪威雷納（Lena）地區一座將近一千年歷史的霍夫教堂（Hoff Church）舉辦了一場改名典禮，由牧師史坦・歐弗森（Stein Ovesen）主持——這是將傳統儀式與全新儀式相混合的一個鮮明範例。隔天，斯提林根提到自己的改名儀式「就像回到家鄉一樣，而耶穌也在那裡看著。」這類的儀式也劃記了為什麼「棄名錯稱」（deadnaming）——他人使用跨性別者出生的名字來否認其身分——會如此深深地傷害人。因為棄名錯稱對這個人來說是意義深遠的轉變，但對你來說卻無關緊要。

許多進行性別轉變的人會參考現有的儀式來創造屬於自己的儀式。例如，麻塞諸薩州紐頓區的雷貝卡在她重生為女性的第一個週年紀念日上，請她的拉比[5]為她的男性自我舉行了一場傳統的葬禮。拉比梅德溫反而建議雷貝卡，利用猶太浸禮池（mikvah）[6]——通常是淨化儀式的沐浴——來肯定自己的女性身分。在這個儀式中，雷貝卡把頭浸入水下三次，想像自己是猶太女性，與男性的自己道別。

跨越不同文化和不同時期，人們回報說，在經歷過通道儀式，他們感覺自己不同了，經歷了改變和轉變。有時這種通道儀式是既有和全新儀式的結合，有時則是在不尋常的時刻進行的傳統儀式。想像一下舉行第二次猶太成年禮「誡命之子」儀式的情景吧。來自紐約基斯可山地區的馬克・寇勒（Mark Koller）在自己成年禮當天被抓到烏克蘭勞改營當俘虜，那是一九四三年四月二十三日。數十年來，他一直覺得自己錯過了成年禮，因此在經歷從勞改營到以色列、再到美國的奔波曲折後，他決定為自己安排第二次的成年禮——此時的他已經八十三歲了。他的拉比全力支持這個決定，幫助他解讀聖經：普通人平均壽命約為七十歲，所以多出來的十三年值得第二次慶賀。寇勒的拉比給他的這段文字，其實是《以西結書》（Ezekiel）❼中失去生命的骷髏復生的版本——因此寇勒表示「彷彿命中註定」（bashert，希伯來文裡的「命運」之意）一樣——他告訴猶太出版物《Forward》，那一整天「如夢想成真。這讓我感覺自己本來就註定要待在這裡，才能有這個體驗。這是我自己創造出來的標記，雖然稱為第二次誡命之子，但對我來說卻是第一次。」

簡單的儀式也可能引發強烈的成長、獨立以及成熟感。開始化妝其實是不同文化裡一個常見的「轉大人」元素。有一份民族誌學研究探討了法國少女使用化妝品的習慣，藉由化妝品展現身分認同的結果相當驚人。一名十七歲的女孩告訴民族誌學者：「小時候媽媽不讓我化妝，我就會故意化妝來惹她生氣，也是為了向她顯示我不再是個孩子。」另一名十七歲的女孩艾蜜琳（Emeline）總結了化妝帶給她的影響：「這讓我感覺自己成為了女人。」唇膏、睫毛膏、眼線筆和其他相關美妝產品不僅能增添美麗，更能幫助女孩跨越不確定的門檻，成為真正的女人。社會學家莎拉・勞倫斯－萊特福特（Sara Lawrence-Lightfoot）[8]在她探討離別和分開的研究裡提到，「離開的能力……就是能夠看清自己、讓自己休息一下、為自己開創一個全新人生的能力。」

就像馬克斯・韋伯悲悼二十世紀初儀式和傳統的消失一樣，我們當前的文化評論者也認為，年輕人缺乏有意義的通道儀式來引導他們從童年走向成年。紐約市一名專門幫助青年的精神科醫師蘇珊恩・賈芬科－克洛威爾（Suzanne Garfinkle-Crowell）就曾在《紐約時報》的特稿中寫道，她觀察到青少年之所以受苦，其中一個原因是

「在建構成人的基礎上覺得脆弱。」沒有儀式的話，這些青少年是否能夠在結構不健全下，成功邁入成人階段嗎？有些心理學家正在研究這種可能性，他們正在研究「延長青春期」（extended adolescence）——二十多歲在情感和經濟上仍然依賴父母的孩子——的現象。這些青少年困在模稜兩可之間——在兩個世界中游走。或許他們還沒找到一個有意義的儀式可以標記身分的轉換，又或者是儀式尚未完成：就像大學唸了六、七年的孩子，沒有畢業典禮；對現在還睡在兒時房間的年輕人來說，也沒有獨立生活的身分轉變。

這種尋求完整和結束的需求是我研究跨文化儀式時發現的一個重要特徵。也是我在探索IKEA效應時的另一個研究基礎。在這個研究中，我們讓人們重新組裝那些無聊的IKEA盒子，但加入了一些新的限制條件。我們讓一些人完成了盒子的組裝，而另一些人則在組裝過程中被中斷。後面這組的人並不願意為這個盒子支付同樣多的錢，即使他們購買後明明可以立即完成組裝。未完成會讓這個普通的盒子保持著它原本的模樣，儘管只需再多幾個步驟，完成組裝之後，就能變成更有價值的東西：我的盒子。

所以，儀式也是如此，儘管風險通常要高得多。正如儀式學者羅納德・葛萊姆斯（Ronald Grimes）就表示：「通道儀式的主要工作就是要確保我們確實有在精神上、心理上和社會層面上都如此。如果沒有得到應有的關注，一個重要的生命通道可能會變成一個巨大的深淵，耗盡心靈能量，引發社會混亂，並扭曲隨後的生活軌跡。未受到關注的通道會成為精神上的漏洞，周圍繞著那些貪婪的鬼魂，它們是未完成事務的貪婪象徵。」

在通道儀式裡，如果無法完成，那意味著通道根本還沒出現——因此也就無法抵達終點。當巴拉克・歐巴馬在二〇〇九年宣誓就職美國總統時，首席大法官約翰・羅伯茲（Chief Justice John Roberts）不小心誤換了一個詞的位置，差別在於「我將執行美利堅合眾國總統職務，忠實地」（羅伯茲版本）以及「我將忠實地執行美利堅合眾國總統職務」（《美國憲法》版本）。這看似小事，意思顯然是一樣的，甚至使用的字也一樣。但儀式上卻有些許違和感，中斷了通道的流程。因此，他們隔天又回到了同樣的地方，重新進行誓言，一字不漏地重複了一遍。（後來在二〇一三年，他們決定在宣誓前一天先好好練習。）

阿諾·范傑那這位創造出「通道儀式」一詞的學者——通常被稱為是「荷蘭－德國－法國」民族學家，這種多重身分或許解釋了他為什麼會對不同身分認同之間的間隔如此感興趣——這種模稜兩可的空間他稱為「邊緣地帶」（marge）。他描述出版《通道儀式》（Les rites de passage）本身就是一個通道儀式，「像是一道內在的光芒，突然驅散了我近十年來一直徘徊的黑暗。」

儀式可以成為引領我們走出那段黑暗時光的光明。通道儀式改變了我們，幫助我們滿足更深層、更持久的需求——成為另一個人或變成某種新的存在。我們藉此為自己，也向世界宣告我們的真正身分。

❶ 編註：班·弗茲（Ben Folds，一九六六～），美國創作歌手。

❷ 編註：艾美許人（The Amish），又譯亞米胥派，是基督新教重洗派門諾會中的一個信徒分支，艾美許人拒絕汽車及電力等現代設施，而且過著簡樸的生活。

❸ 編註：妥拉（Torah）又譯為托辣、托拉，為猶太教的核心。它的意義廣泛，可以指塔納赫（Tanakh）二十四部經中的前五部，也就是一般常稱的《摩西五經》。

❹ 編註：尤里．加加林（Yuri Gagarin，一九三四～一九六八），蘇聯空軍太空人，一九六一年四月十二日成為首位進入太空的人類，在太空競賽中取得了重要的里程碑。

❺ 編註：拉比為猶太人對師長的尊稱。為希伯來語 Rabbi 的音譯。後專指猶太教內負責執行教規、教律和主持宗教儀式的人。

❻ 編註：浸禮池（mikvah）是在猶太教的浸禮儀式中使用的浴池。

❼ 編註：《以西結書》是《希伯來聖經》中的一部先知書，天主教翻譯為《厄則克耳先知書》，作者普遍認為是猶太先知以西結。

❽ 編註：莎拉．勞倫斯─萊特福特（Sara Lawrence-Lightfoot，一九四四～），美國社會學家，主要研究學校文化、課堂生活的模式和結構，家庭和社區內的社會化以及文化與學習風格之間的關係。

Part 3

# 儀式和人際關係

Chapter 8

# 兩者同步相互影響

## 為什麼儀式有助於人際關係的發展

就我記憶，我每天早上六點半醒來，都會幫雪莉（Shelly）沖杯咖啡，加點牛奶、兩匙糖。泡好後還端到床邊給她。她說，只有在喝到咖啡後，她的一天才真正開始。後來有一天，我一樣六點半醒來，泡了一杯咖啡給自己。我就是不想幫雪莉泡。而最糟糕的是，她甚至沒有發現這件事。我們開始不再關注彼此。傑克，我們不再試著讓對方開心。當我們意識到這一點時，我們知道，一切都結束了。

這是電視劇《這就是我們》（This Is Us））❶第一季的一個場景，米格爾試圖向友人解釋婚姻的結束。他舉了一個很有感觸的例子——泡咖啡——這個動作一直是他們婚姻裡的標記儀式。這個儀式對他來說意義深遠，因此這儀式的終止也意味著整段婚姻的結束。

米格爾的早晨咖啡儀式終結得相當慘烈，它說明了當兩個人不再盡心投入於這個日常儀式時，他們也對彼此不再關注。

我們在日常生活中和伴侶分享了哪些類似的儀式？有哪些讓人驚訝、搞笑、看似毫無意義的行為，我們反覆進行，只為了激起愛意、欽佩或吸引力？多年來，我一直在聽人們隨口聊起他們的浪漫小習慣。這些故事勾勒出了我們每天如何表達對彼此的忠誠、驚奇、喜悅和感激：

每個月的第一個星期天，丈夫和我會去登山看日出。我們會選一個離舊金山幾個小時車程的地方，天還沒亮就出發。我們這樣做已經七年了，所以彼此都很清楚要帶什麼：我起床煮咖啡，倒進我們那個舊的露營保溫瓶裡，他會做花生醬三明治，還把無花果軟心餅乾裝進夾鏈袋裡。然後把所有東西都裝進大學時期使用到現在的背包，那時我們是生物實驗室的搭檔。

每個星期六，我們都會特地到公寓附近那輛餡餅餐車吃午餐。有時我早餐吃太多，她就會搓我，因為她知道如果我太飽就會沒胃口吃我們最愛的食物。我們總是點豬肉餡餅，然後各自買一瓶玻璃瓶裝的橘子汽水。有一次我們試著分享一瓶，結果完全不行。

我們第一次見面是在朋友的車庫派對上，一隻瓢蟲飛進了他的飲料。我試著幫他把瓢蟲弄出來，結果飲料全灑在他身上，然後我們倆都笑了。那是二十多年前的事了，而這正是我們之所以常提到瓢蟲的原因。每次看到瓢蟲，我們都會互相發短信或打電話。幾年前，他因公出差，在機場商店看見這個便宜的塑膠瓢蟲玩具，他就買回家，偷偷放在我的漱口杯裡。我們從來沒有真的談過這件事——這種奇怪的瓢蟲遊戲，只是每隔幾個星期就會給彼此驚喜。我也說不清是為什麼，但我們都玩得很開心。這大概是我們做過最浪漫的事了。

日出登山、無花果軟心餅乾、豬肉餡餅、塑膠瓢蟲：這些看似不相干的小事和小物件，全都來自我們日常生活的點滴，乍看之下好像和浪漫或誘惑沒什麼關係。儘管我們的文化常常強調香檳、紅玫瑰和小提琴——這些多半是由商業宣傳推動的——但戀人之間的儀式其實更關乎那些深具個人意義的舉動，這些舉動能催化並維持親密且獨特的連結。就如安・斯威德勒在著作《談論愛情》中所說，浪漫文化是一種表演，而我們作為表演者，可以決定最適合自己關係的音調、節奏和韻律。對一些情侶來說，一瓶冰涼的玻璃瓶裝橘子汽水就是最誘人的飲料。對另一些人來說，塑膠製的瓢蟲比情趣內衣更浪漫。

如果儀式可以影響到我們個人，那在關係和浪漫中又是怎麼樣的呢？這些看似隨意的身體行動，可能是其他任何情侶從未做過的，它們如何能夠讓我們最重要的關係變得更特別——更加幸福、更深連結、更多愉悅？

在我同事席美娜・賈西亞拉達主導的一項計畫中，我們試圖透過研究關係中的儀式來回答這些問題。賈西亞拉達曾是宅男實驗室的「室友」，她研究的是以獨特的觀點來看人們討厭使用SNOO的父母。她問了一些情侶，坐飛機時，如果只有其中一個人被提升到頭等艙，他們會怎麼選擇。他們會選擇利用這個升級，坐在不同位置，還是放棄奢華，只想跟彼此在一起？如果你也在思考這個問題，記住，一起坐在十八A和十八B座位上，其實是你們情感親密程度的指標。

在所有我們發出去的問卷裡，有伴侶的人當中，有六〇~七五%的人都表示他們有一個關係儀式。當我們問他們現在這段感情的儀式與以往的相較，他們也都比較喜歡與現任伴侶間的儀式。這可能是選擇性記憶（「我從來沒有跟那個可怕的人分享過任何重要的事」），但也可能表明，儀式與關係滿意度以及關係的持久力有關。

在我們的調查中，有些情侶分享了具有長久傳統的儀式，且大多數都與宗教實踐有關。例如：

- 「我們每天早上出門上班前都會一起禱告。」
- 「我們每隔一週至少會上一次教堂。」

有些儀式非常實際，使平凡的行動充滿更深層次和豐富的意義：

- 「我們會一起打掃家裡，而且都是同時一起做。」
- 「我們會固定在每個星期日早上九點一起去買菜。」

許多儀式都強調親密和感情：

- 「我們會在床上互擁，一起看電影，然後做愛。」

還有一些非常特別且個性化的儀式，例如這種就很可愛：

- 「我們每次一起吃晚餐時，一定會用餐具乾杯。」

個人通常會用儀式來增強他們享受食物和飲料的樂趣，所以很多關係儀式都包括約會之夜——一起享用美食、醇酒，找些特別的時間共度，比如「每週五晚上孩子們睡著後，我們就會喝點小酒搭配著中式餐點」或者「每週五晚上我們會一起弄爆米花、看電影」。心理學家凱特琳·伍利（Kaitlin Woolley）和艾耶雷特·費雪巴赫（Ayelet Fischbach）表示共餐（commensality）——也就是吃飯時共享餐點的簡單行為——會讓人們的關係更緊密。相反地，當人們無法共享同樣的餐點時——例如因為食物過敏——就會增加社交孤立感。

整理關係儀式只是我們的起點。我們設計了研究，想盡可能地了解情感儀式背後的邏輯——也就是儀式會影響到感情關係的哪方面、如何影響。我們請大家分享他們特殊的情感儀式，還有他們感情關係的品質。例如，讓他們回答一系列問題，評估他們是否認同這些敘述，像是「我對我們的感情很滿意。」

雖然沒有任何的儀式能讓我們關係達到完美。但根據我們的調查顯示，回報有關係儀式的人通常也比較滿意他們的關係，滿意度提高了五～一〇％。就像我們在前面第一部分討論的那樣，儀式在我們生活中扮演著情緒的生成器。這意味著對於特定的人、時間和場合來說，合適的浪漫儀式可能成為激發愛情感覺的一個關鍵因素。

調查裡有對伴侶說他們會一起「美妙的散步」。每逢週末早晨，他們會在太陽升起前起床，然後挑選社區裡一個能讓他們感到欣喜、美好的地方一起漫步。「最近我們的美好散步主要是去看看在八百公尺遠發現的鳥巢。我們會去檢查牠們的巢，看看蛋是不是快孵出來了。這個緩慢、簡單的習慣讓我們意外地與周遭的自然世界建立了一種意想不到的聯繫。等到小鳥全部孵化並飛走後，我們會找下一個小世界的角落。身為一對伴侶又能一起直接觀察同一件事情，這感覺真的很浪漫。」

我們還發現，有儀式的伴侶更容易對自己的另一半表達出更深的謝意，不論是剛在一起或再一起很久的伴侶，這種表達都讓這段關係更加美好。也就是說，儀式不需要花很多年才發展出來，更幸福快樂的伴侶似乎在關係剛發展或之後都能夠發展出這些儀式。

關係儀式情感力量的另一個指標是，當我們無法享受這些儀式時的感受。在一項為期三週的研究中，找來了四十二對被暫時分開的情侶——例如，其中一方需要因工作而出差時——研究人員發現雙方都感受到失落，因為無法一起進行他們的小小的睡前儀式，讓他們輾轉難眠。研究人員還檢測了這些人的唾液樣本，發現皮質醇升高——通常動物被孤立時皮質醇會增加——分開的伴侶也會如此。

## 魅力的代價

美國加州大學柏克萊分校的社會學家亞莉・羅素・霍希爾德（Arlie Russell Hochschild）對階級、資本主義，以及拉近我們關係的結合方式有深入的研究。她特別專注於真誠和關愛之間，以及冷漠和交易交換之間的分際。在一門關於家庭社會學的課堂上，她向學生們展示了以下這則個人廣告：

> 我是一位性格隨和的百萬富翁，聰明且有過不少旅行經驗，但有些害羞。最近搬到這個地區，也收到了很多派對、聚會和社交活動的邀請。我想尋找一位「私人助理」。工作內容包括但不限於：
>
> 1. 在我家舉辦派對時擔任女主持（每小時四十美元）
> 2. 提供我舒適又具有感官享受的按摩（每小時一百四十美元）
> 3. 陪我一同參加某些社交活動（每小時四十美元）

4. 跟我一起旅行（每天三百美元＋所有旅行費用）
5. 管理我家的一些事務（如水電費支付等，每小時三十美元）

應徵者必須年齡在二十二至三十二歲之間，外貌姣好、身體健康、口齒伶俐、感性細膩、周到細心，並且能夠保守祕密。預計每月參加的活動不會超過三到四次，按摩、家務等其他雜項工作最多每週不超過十小時。

應徵者必須是未婚或沒有固定伴侶，或者有非常開明的伴侶！

霍希爾德的課堂上有一名女孩表示，這則廣告其實是在嘲弄愛情：「原本伴侶之間美妙交織的愛情、呵護、心靈相通……被簡化成商品化、毫無情感的僱傭關係。」

我的同事們都曾在一段關係簡化成交易時看見類似的結果。金泰咪（另一名宅男實驗室室友）、張廷和我對那些身處浪漫關係中的人提出一些問題，比如他們的伴侶是否會「紀錄外出用餐或娛樂活動時誰付了多少錢」，以及「到了最後一刻才注意到我遲到了」。有這樣小心眼的伴侶的人更不快樂。為什麼呢？計較一元甚至十元是銀行才會做的事，而不是親愛的人。霍希爾德有相同的觀察：人們會希望自己的感情不僅僅是一系列的交易，而是一個不斷增加的個人體驗。

相反，霍希爾德表示，我們希望自己的感情能給我們帶來更多感覺。「要讓一對伴侶覺得兩人的關係有魔力，就一定要感動到認為他們周遭的世界都充滿魔法……在一段有魔力的關係中，不僅僅是關係本身，而是要整個世界都感到神奇。」

但這種魔法究竟是什麼，又要如何在關係中創造呢？

近幾年來，心理學家瑪雅．羅西格納－米隆（Maya Rossignac-Milon）與其他研究人員試圖用一個心理學概念來量化這種關係魔力感的方法：他們稱之為「共享事實」（shared reality）。這不僅僅是共享信念，好比我們支持同一個候選人，或者同屬一個宗教團體，又或者喜歡同一支足球隊。這是指與另一個人對世界有同樣的觀感——比如都覺得同一個笑話很有趣，或在經歷某些事情時有一樣的思維和感受。這群研究人員透過一系列問題來衡量這種現象。請在閱讀下列內容時想著你自己（當前和過往）的另一半：

我們經常會在同樣的時間想事情。

如果我們一起經歷很多事，感覺就會更真實。

我們常常能預料對方即將說的話。

我們常常覺得已經共同打造了一個屬於我們自己的事實。

同意上述說明的情侶，會有很強烈的「共享事實」感——不出所料地，他們的關係滿意度非常高。

我最喜歡的體育專欄作家之一德魯．馬賈瑞（Drew Magary），就曾完美描述了共享事實的概念。他表示所有的伴侶「都會有他們奇怪的小宇宙」——例如，他和妻子會說「恭嘻」（congratumalations）而非「恭喜」（congratulations）還會重複說，為什麼會這樣？我不知道。作為一對夫妻，你們有自己的文化，自然會形成自己的習慣和俚語。我覺得這很健康。

小說家諾曼．勒許（Norman Rush）則有不同看法：「伴侶之間的私密語言可以用特別的方式發展出來，對伴侶來說是很普通的，但外人來看就是非常奇怪。」

現在問問自己：你曾覺得自己和另一半心靈相通——像是你們交換一個眼神，就知道對方在想什麼？你可以選擇「有」、「沒有」或「我完全不知道你說的是什麼意思。」（大約有一〇%的人會回報不知道。）那些有高度共享事實感的伴侶們會經歷這些時刻——當我們覺得另一半太了解我們，以至於我們甚至感到失去了自我，體驗到與另一個人融為一體的魔力。

現在來看看下列的範例，這是藝術界裡最神奇——也確實特別——的愛情。

一九七五年的冬天，仍然與母親住在塞爾維亞的年輕表演藝術家收到了一封郵件，信上邀請她到荷蘭一間有全額資助的藝廊表演，信封裡還附上一張去阿姆斯特丹的機票。當這位藝術家抵達荷蘭機場時，藝廊主人已經和德國藝術家法蘭克．烏威．雷希鵬（Frank Uwe Laysiepen）在機場等候著。當這兩位藝術家相遇的那一刻，他們都感到一種不可思議的感覺，彷彿他們是同一個自我的不同部分，終於再次團聚。他們不僅都膚色偏白、身材纖瘦結實，而且身高相仿，還同時都把黑色長髮束起。彷彿是在莎士比亞喜劇裡相逢的雙胞胎一樣，這兩位藝術家都感受到了一陣認同的顫動：你／妳。

當他們花了一整個下午巡遊阿姆斯特丹後，塞爾維亞的這位藝術家表示她的生日是十一月三十日，德國藝術家拿出日誌本給她看，十一月三十日那一頁已經撕下，因為那也是他的生日。他告訴她，每一年他都會把十一月三十日這一頁撕掉，以示紀念自己的生日。當她看見日誌本那撕掉的一頁，外面的世界彷彿都靜止了。

我看著那一本小冊子，因為我非常討厭自己的生日，所以我也會把日誌本裡的那一頁撕掉。然後我拿出口袋裡的日誌本，打開它，那一頁同樣也是被撕掉的，「我也是這樣。」我說。

這兩位年輕的藝術家——現在是眾所皆知的行為藝術家烏雷與瑪莉娜・阿布拉莫維奇（Ulay and Marina Abramovi ）——坐在阿姆斯特丹的一家餐廳，彼此拿出他們命運共同的日誌本，在一股強烈的恍惚之中，他們突然存在於只有兩人的宇宙裡。阿布拉莫維奇還記得，他們後來回到了烏雷的公寓，接下來十天完全沒離開過床。在那之後的十年，他們共同創作了許多表演藝術作品——以單一髮辮結合他們彼此，還有彼此拉下自尊面對面坐著長達十七個小時，或者是拉一把弓朝著阿布拉莫維奇的心臟，雙方身軀彼此拉鋸平衡，即便一個動作不對或失衡，就可能立刻會殺死她。他們創作的每一個作品都是一種意圖探索——有時甚至是炸掉——他們宇宙級的連結和對彼此的依賴。現在他們終於找到了彼此，他們打算創造第三個自我——既不男也不女，而是一個完整、全新結合在一起的自我。

這類的共享事實或許看起來像是只存在於最古怪和戲劇性的藝術家、表演者和詩人身上。然而，雖然我們之中很少人曾在感情儀式中面臨生命被箭頭威脅的時刻，但大多數人與另一半所經歷的是更司空見慣、或不可思議的共享事實。

在這樣的感情經歷中，儀式扮演了什麼樣的角色呢？

## 感情儀式的四堂課

### ◆第一課：儀式會喚起我們對承諾的感受

許多人把婚禮、結婚和同居視為最具代表性的承諾儀式，但我們其實在一開始考慮要和另一個人分享生活的那一刻起，我們就在進行一系列小小的承諾行動。就像我們會在意或不自覺地評估自己對某人的承諾能力一樣，我們也通過對方反覆而平凡的日常行為來感受對方對我們的承諾：他會在機場接我嗎？他會幫我的背部擦防曬霜嗎？他在早晨出門時，會帶回我最愛的灑滿巧克力米的甜甜圈嗎？

其實要和另一個人刻劃出有意義的人生，有許多不落俗套的方法。頗具代表性的法國知識分子和存在主義者西蒙・波娃（Simone de Beauvoir）和尚－保羅・沙特（Jean-Paul Sartre）就創造出獨特的儀式，只適用於他們自己。當他們在一九二九年在巴黎索本（Sorbonne）大學相遇，隨後成為了戀人、彼此創作最親密的讀者，更是彼此信任的知己，並且一直保持這樣的對話直到沙特於一九八〇年逝世。他們之間很難出現一個人在思考時沒有另一個人承接，或至少想像另一半會說什麼。

然而，當談到傳統的婚姻——一夫一妻制，對波娃來說這是順從（subservience）的表現——他們都反對這個概念。於是，他們選擇在巴黎塞納河畔的杜樂麗花園見面，然後在一個石凳上舉辦了一個屬於他們自己的私人儀式。他們共同簽署了一紙合約，兩年後再評估是否要繼續在一起。除了「至死方休」，這兩個法國當時最有號召力的存在主義自由倡議者，只有真誠地承諾彼此「至兩年方休」。結果在那兩年裡，他們就在一大堆咖啡、香菸、無數份手稿中度過了——書信、劇本、哲學文集、小說等——他們繼續這樣的哲學契約，把對方作為他們主要和必要的關係，並允許在路途中出現的任何臨時關係。

歷史學家和傳記作者已經深入研究這對非傳統關係，試圖確定誰真正主導了這一切。然而，僅僅從遠處觀察，對這奇特的關係感到驚奇，卻忽略了兩人是如何共同努力，從零開始打造自己獨特的承諾儀式。就如我們之前看到的IKEA效應，他們所花費的時間和力氣——更不用說情感了——在這年復一年的表現，都讓我們看見他們彼此情牽一生的羈絆。他們的承諾儀式就是他們（確實不落俗套）心甘情願的成果。

我們的調查結果揭示了類似的愛的展現，雖然這些行為表達在更普遍和傳統的方式中。人們用來描述他們的儀式的語言表達了可靠性和重複性，比如「每個星期五晚上」、「每個星期日早上九點一起」、「每天」、「每天早上」。

無論你的儀式是完全突破傳統，還是展示關心的簡單行動，這些儀式所積累的意義，都遠勝過任何簽署的法律婚姻文件或者貸款協議。也許你會每週五晚上在床上共享中式餐點，或每年元旦跳進冰冷的水裡、每天早上幫另一半放洗澡水，或是每個生日互贈你們最喜愛的爵士樂手的專輯。重要的不是你做了什麼，而是你們一起定期進行這些活動。

## ◆第二課：感情儀式是特別專屬的

無論是每天早上的擁抱、特別沖泡一杯咖啡，還是奧莉薇亞・魏爾德（Olivia Wilde）的「特製沙拉淋醬」——原本是專門為前任伴侶傑森・蘇黛西斯（Jason Sudeikis）調製，結果後來大膽地獻給新男友哈利・史泰爾斯（Harry Styles）——感情儀式是特別專屬的。人們在發現本來是戀情專屬的儀式竟然在對方新戀情中使用時，通常會大為光火。「她為我們做的那種特別的沙拉醬，」蘇黛西斯情緒激動地跟孩子的保母說，「現在她竟然拿去跟他分享。」

感情中的獨特性通常被視為不能妥協的事情，但為什麼我們會要求儀式的獨特性呢？研究證實我們對感情儀式很敏感，我們會認為這是獨特的。在行為科學家拉林・阿尼克（Lalin Anik）與瑞安・豪瑟（Ryan Hauser）所進行的一項研究中，他們檢測了送禮物的儀式，受試者希望伴侶會送哪一個馬克杯——A款或B款——然後他們會被告知A款「是由耐用度更高的陶瓷製成，網路上的評價也比較好。」一般情況下，人們當然不意外地會比較偏好A款，但當他們發現另一半已經把A款拿去送別人了。這時，他們就會放棄品質，選擇了象徵著情侶獨有性的：B款。

這代表我們希望伴侶承諾的不只是單純的一個感情儀式，而是我們共同的感情儀式。為什麼呢？這與我們要伴侶承諾的不只是一段關係，而是我們的感情關係一樣。儀式是我們在這世界上留下印記的一種方式，是我們共同的儀式標誌。

## ◆第三課：儀式擁有魔力，不是例行公事

想像下列兩個週末的故事：一對已婚夫妻提姆和賽絲正準備進行每個星期六早上都會做的事。提姆會從衣櫥拿出買菜用的購物袋，賽絲則會泡茶，並讓茶葉浸泡久一點。提姆接著餵狗，帶牠去散步，賽絲則會把洗碗機洗好的碗盤拿出來整理放好。九點，他們會帶著已經裝在各自最愛的隨行杯的茶——提姆會加牛奶，賽絲會加糖——然後出發去市場買晚餐的食材。他們兩人一整個禮拜下來都很期待這個儀式。對他們來說，星期六早晨——散步去市場，看看有沒有新鮮蔬果，和肉販聊天，討論晚餐該吃什麼——這是他們倆一整個星期裡最開心的時光。

在美國的另一邊。大衛和安琪起床後，準備要開始他們星期六的例行公事。大衛準備好了購物袋，安琪幫兩人煮了咖啡。大衛快速地把垃圾拿去屋外丟，安琪餵了貓咪。九點了，該出發了，他們抓了包包和裝滿咖啡的隨行杯。兩人會在喝咖啡前深吸了一口氣，然後大口喝下——他們非常需要這一杯咖啡。每個星期六早晨步行至超市對他們來說都是件討厭的例行公事。從無聊的購物清單到排隊結帳，再到費力地裝卸

所有的食物袋子，在在都讓人感到疲憊。當這個煩人的例行公事終於結束時，他們都感到如釋重負，然後各自享受剩餘的一天。

這兩個家庭之間的差異與他們的行為無關：他們都計畫要花時間採買一週的食物。對第一對伴侶來說，買菜是一週中最期待的時刻；而對第二對來說，這反而是個煩人甚至無趣的差事。差別在於，第一對覺得這個行為象徵著他們的愛，而第二對只覺得這是例行公事，是種習慣而已，並不是一個有意義的儀式。

人類可以透過情感溫度計來調節自己；無論處境如何，我們總是會回歸到一種幸福的平衡點。當我們經歷完關係中的重要里程碑後——新戀情、婚禮或承諾儀式、買房子——最初的高潮過後，我們的幸福感會趨於穩定，不再像當初那樣狂喜。這種現象稱為「享樂適應」（hedonic adaptation），讓我們可以理解為什麼就連最合拍的伴侶，也會開始感到熱情不再。心理學家肯農．謝爾登（Kennon Sheldon）和索妮亞．柳波莫斯基（Sonja Lyubomirsky）主張，因為這種享樂適應，我們通常就不會再留心所有曾經新鮮、迷人的美好層面。

這裡有意識地區分出例行公事和儀式非常重要。當我們處理日常事務時，我們只是在完成工作：就是「要做什麼」。如果家裡髒了，就得打掃。而共享儀式則帶有更深層的意義：在乎的是「怎麼做」。倒垃圾、吃飯或喝咖啡這些都是再普通也不過的行動，但我們是如何一起參與這些活動，身為一對有共同生活感的伴侶一起做的具體行動，可以將這些平凡的事情轉變為我們永恆愛情的象徵。

我們想要弄清楚這兩者之間的差異，因此針對四百人進行了調查，不僅詢問他們的共享儀式，還有他們共享的日常例行公事。我們將日常例行公事定義為：「你們會經常一起做的活動，每隔一段時間重複進行，因為習慣或需要完成的任務。」我們的研究結果或許會簡單地顯示，無論這段時間他們在做什麼，花更多時間在一起的伴侶會更快樂。然而，當我們詢問到關於儀式時，發現情況並不是那麼簡單。大多數受訪者都回報他們有感情儀式（七四％），甚至有更多人回報他們有維繫關係的例行公事（八一％）。感情儀式比較可能像是約會之夜這樣的事情，而例行公事多半是一些家務方面的活動。

就像我們前面看到兩個家庭的星期六，第一對夫妻的儀式，對其他夫妻來說可能只是例行公事，比如去超市或泡杯咖啡。重點在於，這對夫妻如何感受這些活動。當他們視這些活動為愛情的象徵時，那這些活動就有了新的重要性，這也讓那些喜愛儀式的夫妻們擁有更高指數的幸福和滿足。

我們常常認為，要找到浪漫的滿足感，需要追求獨特和非凡的事物，但其實長遠來看，真正重要的是日常的普通儀式，而不是那些特別的冒險。

席美娜・賈西亞拉達和金泰咪的研究顯示，許多伴侶相信，比起普通的日常生活，非凡的體驗更有助於他們的關係——例如他們可能會計畫一場難以忘懷的婚禮，但卻忽略了日常、小確幸的儀式。對於遠距離戀愛的人來說，當終於能在一個週末相聚時，他們會盡可能地安排一些精彩、難忘的活動（比如跳傘和難以搶到票的舞台劇）來度過每一分鐘。不過專注在特別的冒險，反而可能會忽略那些隨著時間累積意義並塑造我們日常生活的小活動。即便這些小活動聽起來不像史詩般的浪漫材料，例如一起購物和計畫要做的飯菜——也可以成為儀式化的體驗，形成與伴侶共同創建的

「電影般的宇宙」。

你不一定需要刺激的直升機兜風或者到世界的另一邊去旅遊。最普通的儀式——在公園散步或在門廊上分享一杯葡萄酒——每週重複一次，都有可能讓人陶醉其中。創造魔法的關鍵在於共享同一本魔法書。

## ◆第四課：你說儀式，我說例行公事

好比一個人的刷牙–洗浴儀式可能是另一個人的自動化例行活動一樣，不是所有伴侶都認為自己有儀式。我們知道米格爾認為幫雪莉泡咖啡是種儀式，但她可能認為這不過就是例行公事。我們對感情儀式最心碎的理解是，我們終於意識到共識是至關重要的因素。

在我們研究的最後階段，要求超過一百對浪漫伴侶——有人是夫妻、同居，平均在一起已經二十八年——請他們各自填寫同一份問卷，但不能互相交談。這讓我們能夠比較每個人對伴侶的回報反饋。我們發現，伴侶通常會彼此認同。如果一方報告說有一個儀式，另一方也往往會說有。但將近有二〇%的伴侶出現了不同的意見：一方說他們有共同的儀式，另一方則說沒有。約會之夜就是一個例子。如果伴侶之一把約會之夜歸類為儀式，那大多時候另一半會同意。可是有超過三分之一的人，他們的另一半指出兩人有約會之夜的儀式，但自己卻認為那個約會之夜只是例行公事。這樣的約會令人心情沮喪，一個人把它當作表達愛意的儀式，而另一個人卻將其視之為例行公事。

我們也問了這一百多對情侶對他們關係的滿意度。那些共同認同有儀式感的情侶最為幸福。然而，對於那些只有一方認同儀式感的情侶幸福感，跟那些覺得他們的關係中根本沒有儀式感的情侶沒什麼兩樣。

## 結束關係的儀式

如果感情儀式能夠幫助情侶肯定彼此的共同事實和身分認同，那結束關係的儀式——不論是分手、離婚還是分居——就提供了「需要轉型」的重要機會。這正是我們在前個章節討論到角色認同和轉換時提到的「過渡」時期。保羅・賽門（Paul Simon）曾提過他與嘉莉・費雪（Carrie Fisher）婚姻破裂時，他是這樣唱的：「你把兩顆心纏在一起……永不分離。」我們要如何創造出新的儀式來承認——曾經共享過的事實——如今已經支離破碎了呢？

這就好比烏雷與瑪莉娜・阿布拉莫維奇於一九八六年春天找到彼此時，儘管兩人彼此之間的連接無限大，生日還同一天一樣。他們當時在洛杉磯的伯恩特米勒藝廊（Burnett Miller Gallery）一起表演。對她來說，那場表演象徵的是他們的愛情和藝術理念。在回憶錄裡，她描述這場展覽為「創造了我們稱之為第三元素的自我——一種不被自我毒害的能量，一種男性和女性的融合，對我來說是最高的藝術作品。」然而，烏雷卻覺得他們的表演以及演出後與觀眾的互動已變得乏味。對他來說，藝術中商業和社交網絡的交際已成為一種習慣，他不確定自己是否想要繼續做下去。當阿布拉莫維奇已經準備好擁抱世界級藝術大師的生活時——背負必要的責任和隨時都要出席的不便——烏雷則渴望遊歷各國、像是無政府主義者存在的生活。比起要參加名流派對和藝術盛宴，他只想回歸自己開著車橫渡歐洲的遊牧生活。

「喔，你知道怎麼應付那些人，」他在表演後派對上對阿布拉莫維奇這樣說，「我去外面散個步。」然後他消失了好久，阿布拉莫維奇後來才知道烏雷其實正與一位年輕貌美的藝廊助理打得火熱。這就是（又一個）千古不變的故事。

兩個在一起超過十年，又一起創作了許多無法分離的作品的藝術家，要如何找到方法結束呢？他們用當時情況下最合理方式：他們設計了屬於自己獨特的分手儀式，決定花一年的時間一起走完中國的長城——各自從總長二萬一千一百九十六公里的長城兩端開始，然後在中間相會道別。這項計畫最初名為「情人」（The Lovers），本來的用意是類似婚禮——但多年來的等待和信任破裂，讓它變成了一場貌合神離、決定分開的冥想之旅。一九八八年三月三十日，經過近十年冗長繁瑣的官僚事務關卡後，兩位藝術家最終獲得允許，可以在長城進行他們的步行旅程。阿布拉莫維奇從中國和韓國之間的渤海那端開始走，經過數月長途跋涉，她穿越了中國東部的高山以及崎嶇的路線，沿途還有在毛澤東共產主義橫行之下被摧毀、只剩下石片碎瓦的山石。

每晚她和嚮導不得不步行數小時才能到達住宿的村莊。

烏雷則從西邊戈壁沙漠出發走了一千多公里，阿布拉莫維奇有巍峨的山林需要攻克，烏雷的旅程大部分穿越了數百公里的沙漠沙丘。儘管他被告知可以住在附近的村莊和旅社，但他通常違反規則，許多夜晚都直接睡在長城斷石下的星空下。他們兩人都極盡全力，讓身體處於運動中，準備好再次與對方相遇，斬斷彼此的所有聯繫。

兩個人走了九十天，每天走約二十公里，最後在陝西省的一座石橋上重逢。烏雷先抵達後就坐著等，阿布拉莫維奇在當天快結束時終於抵達。他們彼此凝視，就像許多年前在阿姆斯特丹機場一樣，然後擁抱，接著就分道揚鑣，之後的二十二年完全沒再見過對方。

科琳・利希・強森（Colleen Leahy Johnson）是研究離婚造成心理影響的專家，她用了很厲害的詞彙「社交控制的客套」（socially controlled civility）來描述前伴侶如何通過一些慣例化、象徵性的儀式——帶過對彼此的尖酸刻薄，幫助他們穩住自己的情緒。

一對正在離婚的伴侶選擇要在教堂舉辦婚約解除典禮，並創作了一段特殊的誓言：「我歸還當初結婚時你送我的戒指，於此我解除你對我的所有婚姻責任。你願意原諒我對你造成的一切痛苦嗎？」這場儀式讓在場的人都深受觸動，一位參與者後來表示：「我常常把儀式當作一個過程的結束，而沒有意識到它也可以同時是新生活的開始。」

哲學家與公共知識分子艾格尼絲．凱拉爾德（Agnes Callar）與同樣是哲學家的前夫班．凱拉爾德（Ben Callard），還有她以前的碩士班學生、現任丈夫阿諾．布魯克斯（Arnold Brooks）同住一個屋簷下。他們三位共同養育三個孩子——兩個是與班的孩子，一個是與現任丈夫孕育的——並共同分擔所有家事和照護孩子的責任。「祝我們離婚紀念快樂！這是很重要的一次#10」她在推特❷上發表這些文字，加上了一張她和班的合照。他們當天出去吃了晚餐，彼此品味著一起變老的樂趣——成功地離婚十年，實在是了不起。她後來還在社群媒體上開玩笑道：「記住，孩子們，婚姻來來去去，但離婚是一輩子的事，所以選擇前任要慎重！」

這三人的家庭生活看起來相當平和，對許多人來說或許難以想像，但幸運的是，對那些關係不那麼友好的前任伴侶們來說，也有一個適合的儀式——「週年紀念日」（annivorcery）。一位名叫吉娜的投資銀行家解釋說：「我離婚三年了，每年我都會辦一個大派對來慶祝我們的分手。我讓前夫照顧孩子，而我則邀請所有最好的單身男女朋友都來參加。」

愛與承諾的隆重場面，不論是傳統的婚禮還是充滿紅玫瑰和蠟燭的浪漫晚宴——常常在我們的集體回憶中占據重要位置。然而，我們的研究顯示，對於伴侶來說，最有意義的儀式通常是他們獨特而個人化的。這些儀式對外人來說可能毫無意義，卻讓我們能夠與另一個人共同創建了獨特的共享事實。它們就像是兩個人獨有的慣例，共同簽署的伴侶儀式標誌。

通常在我講完對於儀式的研究後，就會有人來找我說類似這樣的話：「你的演講完全讓我有共鳴，因為我的老婆／老公／另一半大概有一百萬種儀式吧！」——就好像自己都沒有儀式。有時候這個人的伴侶會否認這一點，甚至還會指責這個人擁有所有的儀式。然而，我們應該把焦點放在找出你們一起做的儀式，而不是爭論誰擁有更多的儀式。如果你們找不出一個共同的儀式，不妨試著開始創建一個新的。我們都希望與所愛的人分享一個共同的事實。

❶ 編註：《這就是我們》（This Is Us）為二〇一六年在NBC開播的美國電視劇，首集播出即破千萬人次收看，口碑好評不斷，劇情感人肺腑，立刻成為網友年度淚推必看影集。目前已推出六季。

❷ 編註：推特Twitter在伊隆・馬斯克收購後，於二〇二三年七月更名為「X」。

Chapter 9

# 如何熬過節日？

## 面對親友情緒起伏的儀式

以下三段是針對不同家庭的珍貴儀式描述。你能猜出他們在慶祝哪個節日嗎？

我在英屬哥倫比亞省的一個小地方長大，我們大家會一起慶祝節日。大人們會拿出他們的西塔琴，然後有些人會打扮成蛇，穿著用很美麗的綠色和橙色絲線製成的服裝。還有幾個人會一起組成蛇彎曲的身軀，其中一個人會蹲在蛇的頭裡，模仿蛇的舌頭發出嘶嘶聲。我對那條蛇既興奮又害怕。蛇會隨著西塔琴的樂音跳舞，感覺像過了好幾個小時。直到輪到我們每個人要上前從蛇嘴裡領取禮物。我害怕得緊閉雙眼，把手伸進蛇的嘴裡，等我把手拿出來後，手上多了一個用舊布和毛線織成的新洋娃娃，這就是我一直想要的。

身為美籍穆斯林，這是我一年中最喜歡的節日。我們總是選擇符合穆斯林飲食規範的肉類。而且，每年我們都會邀請所有親戚一起來慶祝，所以這總是個見到叔叔阿姨、表兄弟姐妹和他們孩子的好機會。對我們來說，這個節日的重點就是《古蘭經》第三十九章第六十六節中的那句話：「敬拜真主，成為感恩的人。」能有這段神聖的時間來反思和感恩，讓我覺得特別幸運。

我們家是素食主義者，所以我用甜菜根和雞蛋來代替傳統的食材，然後用花來點綴。對我們來說，這個晚上和朗讀環節是一個能討論社會公義議題，以及我們一家人可以怎麼去應對這些問題的機會。孩子們通常在吃完素食版傳統餐後還會感到餓，所以我們總會再帶他們去最愛的餐廳Playa Bowl[1]，讓他們吃飽。

你已經猜到第一個是聖誕節（是非傳統佛教家庭的慶祝），第二個是感恩節，第三個是逾越節了嗎？

節日儀式是非常強大的情感生成器。我們要如何充分應用這個力量召喚出我們與家人相聚時所渴望的歸屬感、凝聚力以及信任感呢？我們可以從廣大的文化工具箱裡挑選什麼，拋棄什麼，來重新塑造和點燃我們與親友的關係呢？現代家庭的傳統儀式正在被重新賦予目的，甚至完全重塑，以反映我們對家庭定義的擴展，以及我們如何承諾珍惜這個家庭。儀式告訴我們，有時家庭是你與生俱來的，有時家庭是你自己選擇的。

## 回家過節

節日是探索儀式價值的絕佳機會。雖然無法隨機安排人們到不同家庭待幾年來測量效果，但作為科學家的我還是決心盡可能精確地研究這些儀式的影響。幸福的家庭是否只是碰巧有更多的儀式？還是儀式真的能讓家庭更幸福呢？托爾斯泰[2]說，幸福的家庭都是相似的，但每一個不幸的家庭則各有其不幸之處。那麼，儀式在產生這些不同情感中究竟扮演著什麼角色？

我和康乃爾大學的奧薇爾・塞澤爾（Övül Sezer）一起合作探討這些問題。塞澤爾是一位行為科學家，也是脫口秀喜劇演員。就像所有幽默的人一樣，塞澤爾以她的家庭經歷作為主要的素材來源，所以我知道她肯定能為我們的研究帶來有趣的觀點。就在我們觀察不同家庭在不同節日會如何與親人一起進行儀式時，心中有兩個問題：儀式是否會影響人們對於家庭的整體感受？能否在制定儀式當天，就能預測到家族是否會喜歡？

數百名美國人告訴我們他們是如何度過重要家庭節日的。他們有沒有進行任何儀式？如果有，這些儀式是什麼？他們是與家人一起進行儀式還是獨自進行？他們對家庭的整體感受如何，以及他們當天的感受又是如何？

我們從美國普遍慶祝的聖誕節開始，調查了一百四十位受訪者，超過六〇％的人表示他們會慶祝聖誕節，並且至少會有一個家庭儀式。而在所有儀式當中，三九％是與打開禮物有關，而三四％則是關乎聖誕大餐。這兩個類別幾乎占了所有聖誕節儀式的三分之二——無論是享用火腿、雞翅、一大堆甜點，還是按照年齡分組開禮物的特定規範。

當我們重新調查了元旦新年假期，收集了新的一批一百五十二人的樣本後，我們發現家庭儀式比較少——只有三七・五%的人說有參與家庭儀式。接近一半的儀式都聚焦在家庭晚餐上，特定的雞尾酒成為儀式的標誌。管他是不是加拿大皇冠威士忌（Crown Royal）搭配薑汁汽水Canada Dry、俄羅斯伏特加搭配蔓越莓汁，還是用莫斯科騾子黃銅杯盛裝香檳酒，歡慶跨年的人都會透過儀式來營造社交的氛圍。

儘管我們研究的美國節日各有不同，但我們紀錄的儀式卻有些許共同之處。美食和醇酒始終不變，但最重要的元素似乎是家庭共享的標誌性方式：那些構成他們身分認同的核心。他們透過以自己獨特的方式慶祝節日來擁有這些體驗。有時候這可能只是些簡單的小事，像是「我們家的蔓越莓醬總要加些檸檬皮屑」，或者「我會用母親從小用到現在的同一個兔子造型的陶瓷碗幫雞蛋染色」。這些簡單的動作卻是非常重要，顯示出我們不一定總是要宏大的慶典或大膽的宣言，來表達我們對家庭聯繫的深厚感情。通常更常見的是，這些日常的姿態和物件才是每個家庭文化的核心。

我們還問了人們這些儀式的影響。他們是否和家人一起聚在一起進行這些儀式，如果是，這些儀式又是如何影響他們有多喜歡跟家人待在一起？從他們的回答中，我們獲得了一些在節日高低起伏中儀式效果的關鍵。

## 節日儀式就是特別的「物流管理」

許多家庭儀式最基本的功能其實就是在安排流程。對於大家庭來說，有時這可能只是「孩子們坐在那裡」、「我們會在傍晚四點四十五分開始吃飯」，或者「他們家族總是負責帶甜點」。這些儀式也給家庭成員提供了一個有用的劇本，以避免許多危險的暗潮洶湧。

一份二〇二〇年的研究裡，心理學家傑瑞米·弗里莫（Jeremy Frimer）和琳達·斯齊茨卡（Linda Skitka）發現，政治觀點多元的感恩節家族晚餐時間通常會比家族成員有共同信仰的家族家庭短了三十五到七十分鐘。把家族成員安排妥當，讓每個人保持風度是一門藝術，出現失誤就可能代價甚高。專欄作家米雪兒・斯拉塔拉（Michelle Slatalla）就提過，只要把兩個政見不同的人安排坐在一起，就可能引發純粹的惡毒情緒。她哀嘆說：「座位的安排遠比烹飪更艱困。」而節日的儀式化行動可以緩解緊張情緒，讓每個人都能參與舒適的活動。像砍樹、烘烤聖誕派、切火雞、開酒、摺餐巾和插花等簡單而熟悉的動作，都能暫緩衝突，並且讓每個人都有被指派的任務。

這些協調儀式所引發的情感可能僅僅是平靜、淡定，甚至可以讓人鬆一口氣。這些低調的情緒也許會讓我們覺得單調，但同時也更加滿足。心理諮商師哈利葉・勒納（Harriet Lerner）是暢銷書《生氣的藝術》（The Dance of Anger）[3]的作者，她主張如果焦慮會傳染——「緊繃和反應只會造就更多的狀況」——而平靜淡定也可以有傳染性。當家庭中許多成員感到平靜時，這種情緒通常會擴散到整個群體。這些管理和協調基本動作（如坐下、站起和吃飯）的儀式，可以在一個人數眾多、混亂且可能會有衝突的大家庭中提升穩定感。

## 儀式讓我回家（但可能不會參與例行活動）

從我們的調查數據可以明確看出，家庭儀式確實是把我們召喚回家的方式。那些告訴我們他們家至少有一個儀式的人，比較可能在指定的節日回去與家人團聚。以聖誕節來說，幾乎所有告訴我們家裡有聖誕節儀式的人，九六%都會與家人共度假期，而約三分之一沒有儀式的人則選擇跳過與家人的聚會。至於元旦新年，有家庭儀式的人九〇%會與家人團聚，而超過一半沒有儀式的家庭則不會這樣做。在我們研究的所有節日中，有家庭儀式的成員比較容易回報自己在過節時很開心——比起那些沒有儀式但會與家人相聚的人更快樂。即使是那些告訴我們他們並不太喜歡家人的人，節日儀式讓他們覺得自己跟不喜歡的家庭成員親近了一點——至少在他們依儀式行動時會如此。

就像我們在研究戀愛情侶關係時一樣，我們想知道家庭是否在實行對他們有意義的儀式，還是只是在執行一個無聊但熟悉的例行活動。伊利諾伊思州立大學厄巴納香檳分校（University of Illinois at Urbana-Champaig）家庭恢復力中心（Family Resiliency Center）負責人、心理學家芭芭拉．費斯（Barbara Fiese），就將家庭的日常例行公事和家庭儀式做了區分：「這件事需要完成」和「這就是我們這家人。」對於某些家庭來說，身分認同來自於提升烘焙和烹飪的方法：「我們是廚師世家，我必須遵照傳統，成功做出阿姨的青蔥派，我不能讓她失望。」對其他家庭來說，共同的身分認同也許是來自音樂表達和唱歌：「在我們家，如果不拿出吉他，唱唱巴布•狄倫（Bob Dylan）的歌，並在火坑旁邊玩到深夜，就不算是過節了。」有些家庭則是安靜地坐下來一起讀書來慶祝：「晚餐後，我們通常都坐在客廳的大沙發上，擠在一起讀書。我喜歡把腳放在媽媽的大腿上。」對於其他家庭來說，選擇一起要看什麼節目也是一種儀式：「我們從十月份開始就開始討論一起看哪部劇集。大家都可以提出意見，得票最多的劇集勝出。然後在聖誕節早晨，我們就會坐下來看一整天的電視。沒有人敢不加入，或是自己在旁邊滑手機，我們有一條規則：『所有的眼球都要在電視上。』」

這些活動不再只是例行公事，它們因為連結到家庭身分感，變成了真正的儀式。美食作家珍妮・羅森史崔赫（Jenny Rosenstrach）在她的回憶錄兼食譜集《如何慶祝一切》（How to Celebrate Everything）裡，講述了即使是每天早上陪伴孩子們走到學校公車站的簡單步行，也蘊含了更多的可能性：

送孩子搭校車不再只是每天的例行公事，因為它讓我們與社區建立了一種特別的聯繫，後來我才意識到，這樣的活動一旦沒有了校車就無法再出現。更重要的是，它也讓我們成為了一個更緊密的家庭。無論我們多麼匆忙，無論工作有多混亂，每天早上我們都是一起開始。從一起出門到校車車門口，我估計每天的校車儀式不到八分鐘，但至少在這八分鐘內，總會有一隻小手不自覺地伸過來拉住我的手……這個動作足以讓我們整天充滿動力。

雖然儀式不能解決所有問題，但卻能夠感動我們。如果你覺得自己和親友有點疏遠——不論是情感上還是實體距離——與他們一起進行一個共同的儀式有可能會讓你們重新聚在一起。

## 維繫家庭的凝聚力

家庭儀式讓我們能夠彼此講述關於我們羈絆的故事：就是我們是誰，以及我們的家庭將如何持續下去。不過諷刺的是，家庭凝聚力很少是整個家庭共同努力的結果，通常是一兩個人的努力：親屬守護者。麥克馬斯特大學（McMaster University）的社會學家卡洛琳．羅森索爾（Carolyn Rosenthal）描述這些人通常負責保持家庭成員之間的聯繫，並確保家庭儀式能傳承至下一代。一位五十二歲的男子也提到他的親屬守護者是如何維持大家的聯繫：「她會鼓勵彼此寫信，她也會寫信給我們所有人。」另一個五十八歲的男人則描述了他身為親屬守護者的責任，組織儀式性的家庭聚會，如野餐和生日聚會，以維持家庭的凝聚力。

親屬守護者在家庭身分建構中扮演著至關重要的角色。家庭裡總得有個主辦者、活動策劃者、典禮主持人。得有人安排座位表，規畫活動，創造共同的歸屬感，甚至要當開心果。有確切的證據指出，親屬守護者是讓全家人團聚的黏合劑。有親屬守護者的家庭，更容易促成家庭成員見面，也更有可能因為重要慶典而共聚一堂。此外，家庭守護者的兄弟姐妹之間也能保持更緊密的聯繫。

然而，親屬守護者並不是永遠固定不變的角色。依我個人的經驗，隨著家庭角色的轉變，親屬守護者也會隨之變化。當我很小的時候，感恩節對我來說是一個完全制式的節日，我最熱切的願望就是能從兒童餐桌畢業。當我成為只想著自己的青少年、後來二十多歲時，我還覺得自己願意在感恩節回家一趟是種犧牲。但當我進入三十多歲、四十多歲時，特別是當我成為一個父親之後，我突然意識到自己必須負責確保傳承傳統和家族故事。我希望將家族的身分認同和傳統交給我的女兒，這意味著我開始扮演親屬守護者的角色。感恩節不再是一個完全制式的節日，我意識到我最好找人問問如何切火雞。

和大多數家庭一樣，我們新家庭中的節日儀式有些是隨意地從我和妻子的文化背景中拼湊而來的。我們從我的家庭繼承了一些傳統（感恩節時要有各種餡料是件大事），從妻子的家庭中也加入了一些傳統（聖誕節時精確地掛燈非常重要），還有一些則是我們自己創造的〔把蠟燭插入肉卷裡，唱「祝你吃肉捲快樂」（Happy meat loaf to you）〕。

在我們進行的一次節日儀式調查中，有位媽媽這樣分享她的經驗：

> 我們的兒子是個科學家。過去他一直專注於自己的理論研究中……。現在，他似乎開始意識到生活中的一些行為模式，並且重新採納了我們的生活方式。他與家人的關係更加密切，也會參與家庭生日和假期等他曾經認為不太重要的節日。他正在重新回歸傳統。

這個回答真的讓我很有共鳴。就像那位媽媽的兒子曾經覺得傳統與他作為科學家的身分不太相符，但後來卻重新回歸傳統一樣，我也踏上了親屬保護者之路。對很多人來說，這樣的轉變是因為孩子的到來讓我們看到了之前忽視的價值。但有時候，這個親屬保護者的角色也會在我們經歷痛苦的失去後被強加給我們。作家倫伯特・布朗恩（Rembert Browne）曾在一篇動人的散文中描述了母親去世後的第一個感恩節：「我和表姐愛倫坐在媽媽的沙發上——因為最近的事而筋疲力盡。我就這樣盯著前方看了三十秒，她則看著自己剛出生的寶寶，我們兩個都心知肚明，遲早有一天這個家庭將由我們來主持。當我們一起看著廚房裡的長輩們，她看著我，輕聲說道：『我們需要學會做這些食物。』」布朗恩的感受我們很多人都經歷過：我們如何在前進的同時不忘記過去？這是所有親屬保護者都試圖回答的問題。

## 舊＋新：傳承與個人自創儀式

二〇一八年下旬，《大西洋》（The Atlantic）雜誌讓讀者分享他們的「奇怪的節日傳統」，讀者奈特・蘭希爾（Nate Ransil）的回應特別引人注目：

> 我老婆的外祖父說聖誕節太完美了，應該至少有一件事是你不期待的。於是他把雞蛋、培根、土司和柳橙汁全部放進攪拌機，做成一杯奶昔，當作聖誕早餐給他的孩子們吃。我岳父聽了這個關於他岳父的故事後，覺得非常有趣，所以他和我老婆及她的姐妹們就把這個傳統延續了下來。不過不是每年都做同樣的事情，而是由某些家庭成員要想出給大家的驚喜，而且每次總有一個主題：可能是《聖誕怪傑》（The Grinch）[4]書中的料理（誰布丁、三分熟誰烤獸、三層的毒蕈佐砒霜醬三明治，當然還有油黑皮香蕉），或耶誕小精靈（Elf）的餐點（肉醬麵、糖碎塔和楓糖漿），或者是便便主題（盒子裡裝滿巧克力米果，上頭再擠上南瓜餡泥，還有用尿布裝豆泥等等）。

奈特的故事真是個很有趣的例子，展示了ＤＩＹ自創儀式是如何慢慢興起並受到大家歡迎的。另一個有著蘇格蘭背景的家庭則是堅持要找到合適的「第一個進門的人」——在新年第一天早晨，第一個踏進屋子的人一定要是個高大、深色頭髮、棕眼的男人，而且手裡還要拿著麵包、威士忌、牛奶和一大袋木炭。

這些獨特而新穎的行為組合——獨特的儀式標誌——讓家庭向世界展示了他們的風采。就像奈特所說的：「我敢打賭，全世界上沒有人會跟我們吃一樣的東西。」

研究顯示，有八八％的人回憶自己兒時都有家庭儀式，而其中有八一％的人也和自己的孩子繼續這些儀式。但有七四％的人也添加了一些新的儀式。這些數據不僅顯示了原先家庭儀式的持久影響力，也反映了人們在改造這些儀式以適應新需求時的創意和靈活性。這些改進讓儀式既保有舊的傳統，又與時俱進融合新的意義，以滿足每一代人的情感需求。

有位奶奶就分享了一個完美結合傳統與變動的儀式。她還是孩子時，她的家人總是會在節日時烤餡餅，這是一款傳統肉餡派，這種肉餡派是她煤礦工父親和祖父在長時間工作日中的糧食。她把這個儀式傳給了女兒，女兒又把它傳給了她的孩子們。但隨著時光變遷，這款膩口的肉餡派不再符合現代人的口味和飲食習慣。新的一代並沒有固守不變的傳統，而是靈活地調整和重新設計了食譜。現在，他們有時使用豆腐和咖哩，有時用地瓜和菠菜來烤製餡餅。其中一位孫女嫁給了阿根廷人，他們家的餡餅就轉型成了恩潘納達[5]，但餅皮的食譜始終保持不變——記載在一張老舊的索引卡上，被複印了很多次，現在保存在大家的手機裡。每一代都用不同的餡料、形狀和尺寸來製作餡餅，但這儀式本身依然保存著，並且繼續傳承榮耀著家族文化。

## 重要的家族餐桌

日常的家庭聚餐也提供了一個創新改造的機會。在美國，有五分之一的家庭餐都是在車上吃的，接近四分之三的家庭聚餐是在外面餐廳吃的。不到三分之一美國家庭每週有超過兩次會真正坐在家裡的餐桌上吃飯。

過去二十年來，有大量研究證實了恢復家庭聚餐這個儀式的好處。舉例來說，二〇一二年，哥倫比亞大學的國家物質成癮中心（National Center on Addiction and Substance Abuse）進行的一項調查發現，規律的家族聚餐與青少年物質成癮比例下降有關，而且也增加青少年與其父母之間的連結感。有份研究針對九十三對一年級孩子的父母進行了調查，發現聚餐儀式特別有助於增進父女之間的關係，因為這些家庭成員平時在一起的時間比較少。對大多數家庭來說，問題不在於是否要這麼做，而是怎麼做。在運動比賽訓練、課後工作、通勤、學校和工作會議等繁忙日程中，我們該如何讓家庭餐變得有意義呢？

精神科醫師安妮・菲雪（Anne Fishel）有了一些好點子。菲雪是在麻省總醫院（Massachusetts General Hospital）負責主持家庭與伴侶療程計畫（Family and Couples Therapy Program），她發現很多家庭都需要指導才能實現家庭聚餐。於是，她發起了「家庭晚餐計畫」（Family Dinner Project），幫助家庭重新找回這個儀式。該項計畫旨在將家庭聚餐從空白無聊的例行活動（我們是這樣做的）變成可以聯繫全家人，使孩子生活更豐盈、更有意義的經驗（這就是我們一家人）。

菲雪建議從小事做起。她建議選擇一餐，甚至是一個點心時間，讓全家人一起度過——這通常需要仔細查看每個人的時間表，找出一個對所有成員都合適的三十分鐘。關鍵是只選一個時間。想想看，如果我們覺得家庭晚餐非常重要，但又覺得每天一起吃晚餐不可能，反而會讓人沮喪，所以挑對時間非常重要。

在食物方面也可以從小事開始——雖然自製健康餐是最棒的，但從零開始準備整頓飯的壓力是另一個障礙。就像生活中的許多其他領域一樣，過於追求完美反而會成為做好事情的敵人。菲雪的想法顯然更具玩味和即興性：與其想像週日大餐，不如想像週二晚上全家一起吃爆米花的點心時間。不管是「零食驚喜包」、「瘋狂帕尼尼」（把冰箱裡的剩菜夾入兩片麵包，然後放進熱壓土司機加熱）、「晚餐串串」（一個跟我們聊過天的家長就說不管什麼食物，只要放在竹籤上都變好吃）或是「地毯野餐會」（換換口味，拿出格子桌布和野餐籃，在新情境下享用簡單的三明治和點心），只要我們放下傳統，家庭聚餐就能重新煥發活力。

在菲雪看來，照本宣科、平庸的對話主題像是「學校今天如何？」是被禁止的。「家庭晚餐計畫」顛覆了這種標準對話，變成了一場「選擇你自己的冒險」（Choose Your Own Adventure）。菲雪鼓勵家庭成員使用能夠帶來驚喜、愉悅和好奇的對話技巧，來增進歸屬感，而不是一味地遵循傳統。

甚至還有針對不同年齡段的特定問題，例如：

**◎對兩歲至七歲的孩子：**

如果你有超能力，那會是什麼呢？你要怎麼用超能力來幫助別人？

**◎對八歲至十三歲的孩子：**

如果你是學校校長，你會改變什麼？為什麼？

**◎對十四歲至……一百歲的人：**

如果你有一個禮拜的時間、一台加滿油的車、一個裝滿食物的冰箱，還有兩個最好的朋友，你會想去哪裡？會做什麼？

這些特殊的問題並不是魔法鑰匙，而是全家人願意共同花時間在一起，並且打破常規，即興發揮。菲雪鼓勵讓所有受邀的家庭成員可以盡情做自己，不要因為想保持和諧而有所保留——那些無聊的對話反而會阻礙我們最有意義的聯繫。敞開心扉，暢所欲言吧！

家庭儀式可以把我們聚在一起，讓我們沈浸在闔家歡樂中，同時也能強化我們一整個家族的認同感。但其中最珍貴的好處之一是留下美好的回憶。許多我們和家人相聚的回憶——包括姑姑、叔叔、遠房表親，以及那些我們愛過但已經離開我們的人——常常是在家庭一起參與儀式的時刻。剛開始，這些儀式可能會覺得費力，但那些真正有意義的儀式最終會成為愛的付出。它們熟悉的結構和靈活的適應性提供了我們共享的經歷和記憶庫，讓我們可以在餘生中隨時取用。這些不僅是見到家人的機會，更是成為家人的時刻。

---

❶ 編註：Playa Bowl 為美式素食快餐廳，提供無麩質美食。

❷ 編註：托爾斯泰（Leo Tolstoy，一八二八～一九一〇），俄國小說家、哲學家、政治思想家。著有《戰爭與和平》、《安娜・卡列尼娜》和《復活》這幾部被視作經典的長篇小說，被認為是世界最偉大的作家之一。

❸ 編註：《生氣的藝術》（The Dance of Anger），繁體中文版由遠流出版社於一九九六年出版。

❹ 編註：《聖誕怪傑》（The Grinch）是蘇斯博士創作的兒童讀物，用押韻詩句寫成，並配有作者的插圖。

❺ 編註：恩潘納達（Empanada）一種流行於伊比利亞半島和拉丁美洲的糕點食物，餡餅的其中一種。

# Chapter 10 如何哀悼？

## 借助儀式療傷

這不是你能夠忘掉的，但你可以熬過去。

——威利・納爾遜（Willie Nelson）❶

一八六三年紐約市，連鎖百貨「Lord & Taylor」新開幕了一間「哀悼商店」，以滿足因美國內戰摧殘被迫喪夫的婦女們的迫切需求。該商場提供所有北方女性各種樣式的黑色罩衫裙（crepe grenadines）、黑色羊棉布（balzerine）——一種結合輕質棉與羊毛混紡的布料——還有黑紗等。因為當時非常欠缺合適的哀悼用服裝，婦女們不惜一切代價地買下這些衣服。她們迫切地想找到可以幫助她們撐過哀悼期的服裝。

這樣的哀悼似乎永無止境。這正是德魯・吉爾平・佛斯特（Drew Gilpin Faust）

在《這受難的國度：死亡與美國內戰》（This Republic of Suffering）❷一書中研究的主題。「一八六一年至一八六五年間陣亡的士兵人數約有六十二萬，這幾乎等同於美國獨立戰爭、一八一二年戰爭、墨西哥戰爭、美西戰爭、第一次世界大戰、第二次世界大戰和韓戰中死亡人數的總和。」佛斯特寫道，「南北內戰的死亡率與當時美國人口相比，是二戰的六倍。如果今天美國的死亡率達到相似的二%，那意味著將有六百萬人喪生。」

當時的南方死亡率更高——內戰裡徵召的白人士兵就有一八%的人——在內戰中喪生——哀悼服成為悲傷婦女的一種應對方式。根據當時的社會習俗，哀悼戰死的丈夫或兄弟，婦女在最初且最痛苦的時候只能穿黑色的衣服。在哀悼中期，可以搭配淺灰色，稍後可以加入淡紫色，尤其是在領口和袖口部分。珠寶一律不准配戴，除非上頭有逝者的照片或一縷頭髮。對我來說最有趣的是，每個哀悼階段的持續時間取決於哀悼者與逝者的親近程度。黑色、灰色、淡紫色，失去丈夫或兄弟會比失去堂兄弟或叔伯的哀悼時間更長。

我被佛斯特對這些十九世紀哀悼儀式的描述深深打動——其中兩個元素特別讓人震撼。首先，任何經歷過悲傷的人都知道，那種痛苦彷彿永無止盡，身為科學家的我也不禁會想知道，當人們低頭看到自己穿著灰色衣服時，是否真的會幫助他們感受到一絲希望，相信自己的悲傷有一天會減輕。而這些服裝規範是否起到了暗示作用，讓哀悼者深信過往經歷過同樣痛苦的人也是這樣做，並最終走出了悲傷呢？

我也對這些內戰哀悼儀式中結合舊元素和新元素的程度感到震撼。穿著哀悼服一段時間的做法早已普遍。佛斯特在書裡描繪的哀悼者無疑也在遵循其他傳統的哀悼儀式——祈禱、上教會、到墓園問候等。這類依循古老傳統確立下來的哀悼儀式在我們執行時傳遞了很重要的信號。悲傷讓哀悼者不僅困惑於如何調適，還困惑於這種情緒會持續多久。具有悠久歷史的儀式——例如猶太教裡的「坐七」（sitting shiva）[3]——可以告訴我們，悲傷並非無休無止，它終將過去。人們一直都進行著同樣的哀悼儀式，有的甚至行之數千年之久，這證明了他們確實能從悲傷中復原——這給了我們希望：如果遵循這些儀式，我們也能康復。

不過，這些內戰哀悼者也即興地創造了新的世俗做法，將既有的儀式——配合著戰爭中前所未有大規模的戰死亡魂——形成了自己的儀式。為什麼選擇淡紫色？為什麼選擇這個時間長度而不是其他的？

這些問題讓我困惑。在過去，我對儀式持懷疑態度，認為儀式必然跟宗教有關，根植於神聖信仰，通常可以追溯到有紀錄的歷史年代。〔有儀式紀錄的第一部文獻是公元前二一〇〇年的《吉爾伽美什史詩》（the Epic of Gilgamesh），書中主角反復以此經典獻給太陽神沙瑪什（Shamash）。〕但沒有任何一本聖書，也沒有任何世界宗教要求穿淡紫色衣服。不同文化對於哀悼服飾的顏色規定有著驚人的差異——從白色（日本和某些美洲原住民文化）到黑色（西方／美國文化和印度教傳統），再到東歐的黃色和南美的紫色。人們在面對失去時，常常會求助於顏色和服裝，並且在這方面展現出非凡的創意和多樣性。

許多哀悼儀式都是公開且有嚴格規範的。二〇一六年，社會科學家柯林娜・薩斯（Corina Sas）和艾琳娜・柯曼（Alina Coman）訪問了一群見證哀悼的人——心理治療師——並請他們分享自己覺得很有療效的哀悼儀式。從這些描述，研究人員總結出了一些常見的元素——首先就是儀式可以將哀悼者融入社群團體裡。

當哀悼是公開的且大家都看得見時，它讓我們得以致敬我們與逝世者之間的連結。在一些文化中，這種哀悼甚至會通過專門的哀悼者來具體化。例如，在希臘的摩尼（Mani）地區有專業的哀悼者，稱為「摩爾學家」（moirologists）。這些女性在收到報酬後，會穿著一身黑色（頭部也會遮蓋住），只露出眼睛和嘴巴出現在葬禮上。在指定的時間，她們會發出一陣原始的哀嚎。這既不是歌曲也不是尖叫，而是將悲傷的情感外顯化並在葬禮上表演出來。這種用來引發情感宣洩的表演，讓真正處於悲痛中的人可以稍微遠離自己的經歷，成為悲傷劇場中的旁觀者。

專業的哀悼者在中國和印度也很常見，英國現在也開始出現了，有些家族會聘請演員來葬禮上為哀悼的群體表演。對某些家族而言，這舉動單純是要想讓葬禮看起來有更多人，但對於其他人來說，這些專業的哀悼者就類似摩爾學家。他們的存在既是為了表演悲傷，也是為了作為真實來賓的傾聽者。英國一名專業哀悼者歐文・沃恩

（Owen Vaughan）就曾在文章中表示：「自有人類以來，人們就一直會這樣聚在一起。分享自己的故事、哭泣、尋求解脫。我幫助他們做到這一點，這也是我選擇這份工作的原因。」

如果專業哀悼者可以協助外放悲痛，那麼其他集體儀式就能讓整個哀痛的群體更為緊密——在人們最需要的時候更能團結在一起。當一名美國海軍陸戰隊（SEALs）隊員逝世的時候，他的同袍會完成下列獨特的禮儀：

> 海軍陸戰隊隊員會一個接著一個靠近墓地，拿下他們制服左胸處的金色徽章，然後將徽章釘在逝去隊友的棺柩上。活著的隊員們會失去象徵他們兄弟情誼的徽章，直到戰友下葬之後才會重新佩戴。而死去的隊員則會帶著戰友們的徽章一起入土。

像這樣的軍事單位確實比一般平民百姓更常面對死亡，但這並不意味著他們能更輕鬆得調適。海軍陸戰隊制定的這個儀式，讓他們可以獻給因為軍旅和犧牲所以共享的羈絆，也能和同袍一起感受明確的兄弟情，儘管他們可能從來沒有真的見過彼此。

當器官捐贈者被正式宣告腦死時，他們的無私奉獻也會被以類似的方式紀念。許多醫院會進行一個「榮譽送行」（honor walk）儀式：

> 當加護病房手術室的雙向門被打開，走廊上擠滿了數十名的醫院員工。一張病床這時出現，而我們都會靜默……穿便服的人會緊緊跟在病床後，不確定該看哪裡。他們是床上這位年輕女性的父母親……沿途群眾的服裝反映出不同的工作：有穿白色長袍和領帶，有穿著皺巴巴藍色手術服的、還有戴著蓬鬆手術帽的，另外，也有穿著昂貴細條紋西裝的。

「那十五分鐘內，走廊上發生了非常莊嚴、甚至神聖的事。」佛蒙特大學醫學中心的醫生提姆・拉希（Tim Lahey）回憶。「我們在那裡等著，與來自各個單位、各種工作的人交談。我們一起向偉大的犧牲致敬。我們希望能在這無法言喻的悲痛時刻，能夠幫助這個悲傷的家庭。」

榮譽送行集中大家的注意力，讓所有人都處於同一個事實中——即使只有片刻。哀悼儀式中相關的服裝規定、活動、時間安排和特定的飲食，都是讓大家共享注意力的時刻，是我們一起表達對逝者感情的一種方式。這些儀式為我們提供了一個時間和地點，讓我們得以沉浸在回憶中，為共同的目的聚集在一起，也向逝者致敬。

哀悼儀式還提供了有用的指引，既幫助我們調適自己的悲傷，也讓其他人知道如何幫助我們。如果人們穿著黑色的服裝，這就傳遞了他們的情緒狀態，讓我們知道該如何與他們互動。

## 讓死亡不再陌生

法國歷史學家菲利浦・阿里埃斯（Philippe Ariè）將二十世紀稱為「禁忌死亡」（Forbidden Death）的年代，他指出現代社會的做法會對當事者隱匿自己即將離世的事實，導致他們的親人也開始壓抑自己的情感反應。人類的本能往往是避開對死亡的思考，保護人們免於面對失去的痛苦，盡快忘記並繼續生活。沒有比要「保護」孩子不讓他們參加親人的葬禮或其他哀悼儀式的做法更明顯的了。他們會被留在家裡不讓他們參加葬禮，也不讓他們參與任何公開的哀悼儀式。這也是現代的觀念，而且就如其他當代的做法——全都是欺瞞。文藝復興時期的作家米歇爾・蒙田（Michel de Montaigne）就曾在他留芳百世的《隨筆集》中寫道：

> 在我們的生活中，死亡是唯一不該成為陌生人的事。為了減少死亡對我們的影響，我們應該讓死亡變得不再陌生，多接觸它，習慣它，讓我們經常想到死亡。

這正是記者兼作曲家麥可・布里克（Mike Brick）在二〇一五年決定要做的——「讓死亡不再陌生」。他已經疲勞和胸痛了好幾個月，於是四十歲的布里克安排了一次健康檢查，想說只是一次例行檢查而已。

然而，麥可被診斷罹患了第四期的大腸癌——儘管他很積極得接受化療——還是無法阻止癌細胞的擴散。於是他和妻子史黛西開始為自己的後事做安排，麥克是虔誠的天主教徒，他希望有個葬禮彌撒——人人要穿著正式、坐在長椅上齊聚一堂。然後他們討論要用愛爾蘭的守夜方式。既然他是作曲家，當然少不了好音樂——他自己的樂團可以為他演奏——還要有很多很棒的故事。後來他們挑選了奧斯汀一個傳奇的音樂聖地「Hole in the Wall」，並敲定了那個即將到來的大日子的細節。

當這個場景在他們眼前實現時——這個他本該永遠不可能參加的派對——突然之間感覺完全不對。

「你還在這裡，」史黛西對他說，「你應該參加自己的守靈會。」

誰說非得死了才能參加自己的葬禮？幾個小時內，他們取消了原本計畫未來某天在Hole in the Wall舉行的聚會，幾天過後找了另一個地點。麥可和史黛西來自全美國各地的友人、家人，以及以前的樂團成員——都共襄盛舉。這感覺很熟悉——就像我們在得知親人過世後會做的事——只不過這一次麥克會親臨現場體驗。他要完成人生中最盛大的一次演出。

二〇一六年一月十三日，麥克站在一屋子親朋好友面前，看著他們眼中自己的樣子。我後來是在他的記者朋友們寫的許多文章和致敬中發現了這個勇敢的舉動。根據他們的說法，麥克面對著一百多張熟悉的面孔，告訴他們：「我很幸運自己能認識大家，我愛你們每一個人。」然後，他和他的樂團「the Music Grinders」——進行了一場兩小時的演出，而他親愛的朋友們則跳著舞，年幼的孩子們也在燈光中穿梭。樂團將麥克最愛的一首歌以六分二十八秒長的版本作為結束。最後，麥克站起來，看著每一個人，無聲地說：「我愛你們。」

為什麼要錯過你人生中最重要的時刻呢？麥克在一週後逝世，而在他過世的幾天後，史黛西和他的家人們則依然照著本來計畫好的傳承儀式行動。然而，孩子們記住的，以及史黛西至今珍惜的，是麥克在這場讓人感到無助的疾病中展現出的掌控力。

「麥克知道他最終會離開，」史黛西告訴朋友，「他並不想走，但他很優雅地面對這一切，他只是希望能幫助所有人熬過他逝去的這段時間，這就是那場聚會的真正意義。」

也有其他團體想逆轉我們這個「禁忌死亡」的時代。「死亡晚宴」（Death Over Dinner）是一個草根性運動，讓人們聚在一起共進晚餐，討論生命的終結。他們的邀請很有趣，將看似嚴肅的話題變得輕鬆一些——「來吃個飯，聊聊死亡吧！」——同時也讓與會者知道共享晚餐，同坐在餐桌旁，往往才是討論我們生命有限的最佳方式。「我們總覺得沒有人想談論死亡，但我認為我們只是沒有收到合適的邀請而已。」為了協助正視美國的臨終關懷危機，創辦該組織的邁克・赫布（Michael Hebb）如此表示。

我們文化中那種想要保護自己或避開死亡的願望，有時會適得其反。相反的，每當有任何機會可以討論死亡，儘管當下真的很痛，但這樣反而能讓我們更容易坦然接受。舉例來說，參加父母葬禮的孩子，比那些沒有參加的孩子更懂得調適失去的痛苦。而那些經歷過孩子尚未出世就夭折的父母，如果能在告別前抱一下他們的寶寶，也一樣更能夠調適這種失去的痛苦。

日本就出現了一種新的活動，可以幫助老年孤單的人找到可以在死亡時共享安息之所的「朋友」。這些「墓友」（hakatamo）會互相認識，並承諾對方在選墓地時會買相鄰的位置。他們不是今生的朋友，而是來世的朋友，同意一起面對死亡。儘管這種關係聽起來有點沉重，但研究這一現象的人類學家安妮・愛莉森（Anne Allison）則用平和的文字來描述它，她認為墓友是「主動積極面對死亡的方法，而不是等待死後無家可歸或孤獨。」

米歇爾・蒙田曾規勸我們所有人要「經常面對死亡」，這並不容易——而且通常會令人感到不安和脆弱——但儀式可以在其中提供支持。

## 接受沒有所謂的「黃金時間」

許多我們尊重的傳統儀式在時間上是有限的，有時只持續一天（比如葬禮）或幾週。那些曾經持續更長時間的儀式，例如服裝顏色的變化，已經變得愈來愈罕見了。

結婚時，我們每年都慶祝結婚紀念日，但紀念親人去世的儀式卻不常見。在短暫的哀悼期結束後，悲傷的社交也戛然而止。哀悼者也常常說，失去親人後立刻會收到一大堆的慰問和關心，但這種慰問很快就會減少。一旦葬禮結束，大家各自回家，我們則被留在悲痛中，而且人們還會期望我們馬上回到工作崗位。事實上美國也沒有喪假的法律規定。

任何經歷過悲痛的人都知道，事情並不是這樣運作的。一項對兩百三十三位喪偶者進行的研究顯示，在伴侶去世後的兩年裡，不敢置信的情緒在失去後一個月達到頂點，思念在四個月達到頂點，憤怒在五個月達到頂點，而抑鬱則在六個月才達到頂點。不幸的是，我們經常給自己壓力，要求自己向前看，停止想念那個人，試圖「走出來」。

一九六九年，瑞士出生的精神科醫師伊麗莎白．庫柏勒－羅絲（Elisabeth Kübler-Ross）寫了一本書，紀錄了她診療過的絕症患者面對死亡的經歷。在她進行研究的那個時代，醫學界往往會隱瞞病人的病情，認為絕症病人不想或不需要知道自己病得多嚴重。醫生們會使用委婉語氣和間接口吻，避免談論即將死亡的事實，認為這等於承認失敗。庫柏勒－羅絲在她影響深遠的著作《論死亡與臨終》（On Death and Dying）④中反駁了這些觀點。她主張，患者們都很清楚自己的病況，應該得到誠實不做假的醫學評估，以維護他們的尊嚴。她說：「患者正處於會失去他所愛的一切和所有人的過程。如果能允許他們表達悲傷，就能更坦然的接受。」

庫柏勒－羅絲為她的絕症患者提出了臨終五階段的理論：否認與孤立、憤怒、討價還價、沮喪、接受。這個理論最初是為了糾正醫學界對臨終患者的所有錯誤假設，最後卻成為人們調適悲傷的模式。如今，她使用的這些詞彙已經廣為人知，以至於如果哀悼者沒有依次經歷這五個階段，他們可能會說自己還沒有完全處理好面對這次失去的情緒。

我猜想庫柏勒－羅絲的五個階段理論之所以受歡迎，是因為它的線性特徵——人們認為這些階段會依序進行，最終會達到一個明確的終點。然而，這悲傷五階段背後並沒有科學依據，沒有理由認為每個人都需要經歷這五個階段——為什麼不是三個或四個呢？在許多原住民文化中，與祖先交流是日常生活的一部分，死亡被視為一種過渡狀態，「接受」可能永遠不會正式發生。這是否意味著這些文化對哀悼的方式是錯的呢？

在北加州的一項研究中，失去摯愛不久的哀悼者被問及在過去三個月中，哪些儀式對他們最有幫助。他們需要從二十個不同的目標中選出最重要的。其中有兩個目標得到了高度評價，都與接受感息息相關：哀悼者認為這些儀式能幫助他們「接受悲痛是一個持續的過程」，以及「接受摯愛的親人離去」。

威利・納爾遜的歌詞：「這不是你能夠忘掉的，但你可以熬過去。」成功抓住了精髓。悲痛的消退不是因為我們試圖忘記、立即前進就能減輕的，而是需要我們有勇氣去經歷那深刻的痛苦。在那兩百三十三位哀悼者的研究中，「接受」的階段根本沒有達到高峰——只是隨著時間慢慢增加。

## 小丑眼鏡背後的男人

二〇一〇年秋天，我最喜歡的知識分子、同時也是哈佛大學社會心理學院裡極受矚目的教授丹・韋格納（Dan Wegner）被診斷患有ALS（Amyotrophic lateral sclerosis，肌萎縮性脊髓側索硬化症）。你或許還記得丹，就是那企圖心很強，研究思維壓抑與精神控制，還有白熊實驗的那位學者。在學術界裡，丹以其強烈的獨立性和願意追尋領域中最古怪、最棘手問題的特質而聞名。自由意志是什麼？隱藏和執著的心理基礎是什麼？但是丹身為傳說中的心理學家，他甚至不用開口，就能讓（有時候）令人窒息的大學生活變得好玩、充滿童趣。首先，他就是巨人吧——超過一百九十公分——總是穿著寬鬆而鮮艷的夏威夷印花襯衫。時尚？或許不太貼切。真實？絕對是。

他精心收藏了一整個櫃子的小丑眼鏡。當他第一個女兒出生時，丹就把三付眼鏡拿出來，自己戴上了一付，一付給他妻子托霓，另一付就放在新生女兒小小的頭頂上，然後拍了一張照片。當他第二個女兒出生，為了維持這個儀式，他們一家四口都在頭上放了小丑眼鏡。

當我聽到丹在二〇一三年過世，享年六十五歲，我便與他社交圈裡志同道合的朋友和同事一同悼念他的離世。他的家人用了傳統的悼念儀式來回顧他的一生。不過丹在他過世前曾經提出一個特別要求，他請每個參加葬禮的人都要穿上夏威夷襯衫、戴上最酷的小丑眼鏡。當我們在會場上看著彼此時，彷彿我們每個人都成了丹。他的精神存在於我們每一個人心中：彷彿我們都在回憶丹。管他是黑色還是淡紫色，我敢說，過去從沒有人——或之後也不再有人——會用熱帶圖案搭配小丑眼鏡來展現悲傷、追憶。

這些外在的標記——不論是要穿夏威夷襯衫，還是全黑的罩衫裙——都讓哀悼者有一點掌控權，讓他們可以回歸自己的生活。這種失控的經歷，本身就是深沉哀痛程度的一個預測因素，而很多悲傷的評估都著重於這種無序感——是測量我們對於情緒失控、無助感或無法停止哭泣的擔憂。瓊．蒂蒂安在《奇想之年》裡描述過她丈夫驟逝之後自己的即刻反應，並提到這種掌控的需求：

> 我記得我把他褲子口袋裡的零錢拿出來，跟我包包裡的零錢擺在一起，撫平皺掉的紙鈔，小心仔細的把二十美元的放在一起，十美元的放在一起，五美元和一美元的分開。當我這麼做時，我想他會看到我正在處理好這一切。

## 新冠疫情下的哀悼

新冠疫情造成的悲痛之一是我們無法親自聚在一起哀悼。當紀念活動、喪禮，和生日慶典重新恢復到可以面對面聚會時，許多曾在疫情中喪失至愛的人仍然等候著，期望能有公開的哀悼儀式。在英國線上雜誌《Slate》的「親愛的普魯登斯」（Dear Prudence）podcast專欄，一位女子提出了一個問題：如何在二〇二〇年三月父親逝世後好好的哀悼：

> 老實說我一直在等，他已經離開好久了，我需要有「正常」的葬禮和埋葬儀

> 式，才能夠釋放那股被憋住的哀傷和痛苦。但我們卻辦不了那些，而且我不知道為什麼，我媽和兄弟姊妹選擇了只有兩句話的訃聞，那可是我們唯一能公開紀念他的方式。
>
> 我需要哀悼，我需要那個儀式。但他離世已經這麼長的時間了，我不知道該怎麼做。我應該不是唯一有這個問題的讀者吧——其他人是怎麼紀念自己摯愛的親人呢？他們是怎麼創造出治療的空間呢？

她那悲傷的呼喚在推特上引發了大量回應，許多人紛紛分享了他們在新冠時期是如何調整或自建適合這些特殊情況的新儀式。人們有三年的時間只能在Zoom上相聚哀悼，找到適合社交距離的悼念儀式，甚至還有人展開了車隊吊唁活動。看到人們如此迅速而多樣化地調整他們的行為以完成這最後且深刻的生死儀式，令人感動不已：

> 我爺爺在二〇二〇年一月離開了我們，可是我們卻沒有機會為他舉行一場葬

禮。去年，姑姑安排了一次家庭午餐，地點選在爺爺最喜歡的地方，大家都專程飛過去參加這場低調的悼念活動。我們一起分享了故事，一起哭，也彼此相擁。

今年夏天我們辦了一個派對，把他的骨灰撒在他最喜歡的地方。

---

我是一名臨終關懷牧師，經常遇到類似的情況。對於那些沒有選擇多做一點的家庭，我沒有任何批判的意思，儘管我認為這位寫信者的觀點更為積極健康。但是，葬禮或追悼會並沒有時間限制。

---

那位自稱為「悲痛是腰包」（Grief Is a Fanny Pack）的女士說：「我需要哀悼。」但其中一位回覆者向她保證，她已經在哀悼了：「你的悲傷現在就存在著，而且一直持續著。所以不要覺得自己過去幾年都浪費了，或還沒有來得及哀悼。」

我發現這些回應非常有啟發性——不僅看到我們能在日常行為和場合中找到哀悼

的方式，也反映出我們內心希望這些努力能被他人看見並獲得社群認可的需求。

## 提醒要記得

哀悼儀式不僅僅是調適悲傷的方式，還有記住和回憶。它們給了我們機會，讓我們停下腳步，專注於那些我們遺失的部分。儘管世界依然在轉動，但我們選擇了停下來，稍作停留，回憶往事，致敬逝者。當這些儀式成功時，它們可以變得很神奇。「晚宴」（The Dinner Party）這個組織匯聚了一群完全陌生的人，他們共同分享著失去摯愛的痛苦，同時共享著一頓美食。一位參與者寫道：

> 當母親離世時，我感到無比孤單。那是一種我從未體驗過的孤立感。但我開始加入「晚宴」約一個半月後，那種孤寂感就慢慢減輕了。感覺就像是《綠野仙蹤》裡的桃樂絲，彷彿我走出了一個毫無色彩的世界，重新回到比以前更豐富、更有活力的世界。

即使面對最沉重的損失，儀式仍能賦予我們生命活力，重新讓我們開心起來。

「Family Lives On」是一個專門幫助失去父母的孩子的非營利組織，他們設計了一個傳統計畫，要求悲傷的孩子描述他們最喜歡與已故父母一起做的事情。該組織每年都會協助孩子重現那個事件，通常會選在對全家人意義重大的日子舉行。以下是馬修的故事：在他四歲的時候，母親因為肺癌過世了。「Family Lives On」幫助他創造了一個合適的儀式：「生日和聖誕節對她來說非常特別——她總是喜歡為全家人烘焙點心。當她在安寧病房最後一段時光裡，馬修和母親一起決定這個傳統，每年馬修都會和爸爸一起烤餅乾和杯子蛋糕慶祝媽媽生日。現在，每一年馬修還會裝飾每一片餅乾以及杯子蛋糕來紀念媽媽。」

人們總是有著無盡的創意，就像古代文化會決定用哪種顏色表達悲傷一樣。他們會利用周遭的環境，並賦予其意義，然後在儀式中加以應用，以幫助自己走向接受。在我的研究中，我遇到了一位女士，分享了她如何在院子裡種繡球花來悼念。每當一位好友或親愛的家人離世，她就會把一株繡球花從他們的院子裡移植到自己的院子裡。多年下來，她已經在自家後院打造了一個廣闊的繡球花紀念園，她清楚地知道哪一株是來自母親、姑姑、最好朋友的母親，以及大學時最好的朋友。今天，她可以走到院子裡，花一個下午冥想，或欣賞自己種的花、修剪她的植栽，感覺自己正在與生命中這些重要的女性們有所連結。

緬因州的艾咪・霍普金斯（Amy Hopkins）在失去雙親的悲痛中，從海岸線的跳冰水儀式裡找到了撫慰和重生。霍普金斯告訴《紐約時報》：「當你的身體陷入戰慄或逃避時，感覺很震撼，那種冰冷的溫度馬上讓一切收縮和保護。血液湧向你的重要器官。」

在冰水體驗的強烈中，霍普金斯發現了一個可以透過呼吸哀悼悲痛的方法。一旦踏入冬天的海水，她就只能活在當下，一次又一次的呼吸：這就是我們所有人度過悲傷的方式。霍普金斯還找到了一個社群團體來支持她在這些冰冷水域的浸泡活動。在這些活動中——她稱之為「跳下去才能浮上來」（Dip Down to Rise Up）——她和其他泡水者手拉手進入接近冰凍的海浪中。他們一起站在水中，通常是靜默幾分鐘，然後互相擁抱一下，才返回到外套、帽子和靴子的溫暖中。

## 哀悼模糊性的失去

像霍普金斯這樣的儀式給人一種完結的感覺——這種感覺的重要性不容小覷。我們看到有人發明了分手儀式，好能在一段關係破裂後繼續前進，但總的來說，這樣的儀式很少見。在我們的關係改變、結束時，很多人都缺乏調適關係變化和結束的方法。當我們知道這只是個簡訊，還是有伴隨著關係結束而來的悲傷——不僅僅是浪漫的愛情，也包括了家人和朋友——還有一種強烈的損失感。如果閱讀任何一個建議專欄，都會遇到一位被對方不再回覆任何電話和訊息，而且沒有任何解釋的人。這種現象之所以被稱為「已讀不回」（ghosting）是有原因的——它會像鬼一樣縈繞在我們心頭，擺脫不掉。正如《紐約時報》一位讀者所寫的：

> 我的妹妹在五十年前因一場車禍意外身亡。我的大女兒九年前開始疏離我們全家。從很多方面來看，我妹妹的死更容易接受一些；我深愛著她，我曾經悲傷過，最終也學會了接受她的離去。但我的第一個孩子，我的大女兒，她仍然活在這個世界上。我整個人都因為她悲痛不已，我知道我永遠無法接受她的離去。

我們都經歷過各種失去，有些是清晰的、明確的，有些則是複雜而不確定的。當親密關係變化或結束時，我們需要一種方式來悼念這種模棱兩可的損失。心理學家稱之為「模糊性失落」（ambiguous loss），就是那種既難以確定、又難以結束，讓我們難以釋懷的悲傷。這種失去會逐漸積聚，直到我們找到一個機會、一個儀式，來紀念這種失去。

數百萬人都會受到這種問題的影響，而且形式各異。例如，家中有成員被診斷罹患退化性疾病如阿茲海默症應該會很熟悉這種感覺——他們的親人似乎已經不在了，但其實他還在世。在一項有關阿茲海默症的研究中，有位受訪者描述了這種狀況帶來的痛苦：

> 那天下午，母親毫無感情的看著我，那眼神裡沒有任何喜悅或連結感。她已經認不出我了。當我試著給她一個擁抱時，她竟然很驚恐地看著我。那時眼淚就這樣奪眶而出。……對我來說，那一天母親就像已經死了一樣，因為她已經不再認識我了。

照顧者經常會有一種罪惡感，想要接受他們所愛的人已經離世，即使這個人仍然活著。這樣的感受可能會讓人感到非常不適，因為做任何事情來標誌這種失去都會讓人內疚。而唯一一個被廣泛用來認可這類失去的儀式就是葬禮，可是那也不適合。對於這種模糊性失落的情況，正確的做法通常是找到我們自己的儀式——這些儀式可以是獨特的，符合我們特定的情感和生活狀況。

當萊思禮・麥克卡里斯特（Lesley McCallister）在懷孕二十三週時失去第一個孩子，當時大家都建議她最好快點忘記，盡快恢復正常生活。然而，她決定要紀念那本來會有的生命，她仍然把這個兒子當成家裡的一分子，儘管她知道他已經不在。每天晚上上床睡覺前，她的兩個孩子禱告時總會提到他們在天堂的「大哥威爾」，而每年四月，家人都會用冰淇淋蛋糕慶祝他的生日。這些儀式幫助萊思禮調適她失去的悲傷，如今她會說：「儘管這確實很悲傷，但也帶來了一些好的結果。」

## 為死亡做彩排

絕大部分的悲傷輔導員和靈修人員都同意，只有承認死亡的必然性，我們才能達到接受和平靜。現在甚至有一個應用程式「WeCroak」，它會在一天的不同時間隨機發送消息到你的iPhone上。每一則訊息就是簡單地表示：「別忘了，你終究會死。」它等同於十七世紀的「memento mori」[5]的畫作，其意思就是「請記住，你終將會死去」。這些畫作總是描繪著骷髏頭、蠟燭、水果和鮮花。就如WeCroak一樣，這些畫作是要提醒每個看到它們的人，死亡總是在向我們逼近，就像是一場對死亡的預演。

十九世紀中葉相片被發明出來之際，哀悼者開始應用照片來創作與至親的「momento mori」——在逝世的孩子或逝去的家庭成員被埋葬前，最後一次捕捉其樣貌的機會。在維多利亞時期的英國，死亡是如此之常見——透過像麻疹、白喉和肺結核這樣的疾病——這些死掉的孩子會被擺好姿勢，弄成像洋娃娃一樣。由於當時照相機和底片很稀有且昂貴，孩子的死亡往往是一家人第一次也是最後一次聚在一起讓攝影師拍照。這些照片並不是令人毛骨悚然的景象，而是提供了一個最後的凝視時刻。這也是許多哀悼儀式之所以被設計出來的原因——不論是片刻的沉默、一首輓歌，還是我們自己的愛爾蘭式守靈會，都請再次凝視，別讓這個珍貴時刻被忽略了。

童書作家《野獸國》（Where the Wild Things Are）的創作者莫里斯．桑達克（Maurice Sendak），在他晚年曾直率地談論死亡和悲傷：「我常哭，因為我很思念這些人，他們死了而我無法阻止。他們離開了我，而我更愛他們了。」桑達克發現悲傷也包含著無盡的愛。哀悼儀式正是可以調適失去痛苦的關鍵，同時也讓那份愛繼續存在。

---

❶ 編註：威利・納爾遜（Willie Nelscn，一九三三～），美國音樂家、詞曲作家、演員、社會運動人物。為一九六〇年代晚期叛道鄉村音樂的標誌性人物之一。

❷ 編註：《這受難的國度：死亡與美國內戰》（This Republic of Suffering），簡體中文版由譯林出版社於二〇一六年出版，

❸ 編註：坐七（sitting shiva）為猶太教的喪禮習俗，為身邊最親近的親人進行七天的守喪。

❹ 編註：《論死亡與臨終》（On Death and Dying）繁體中文版由遠流出版社於二〇二三年推出五十週年的經典紀念版。

❺ 編註：Memento mori 是中世紀西方基督教對必死性之反思的理論及實踐，尤其是作為一種思索塵世之虛幻和一切物質與和世俗工作之短暫的方式。

Part 4

# 在職場和世界上的儀式

Chapter 11

# 如何找到所屬團體共享的認同？

## 集體式的儀式

當我被邀請去演講關於儀式的主題時，我會先要求大家站起來，然後什麼都不說，直接開始播放下列投影片：

拍一下手，跺右腳一次。拍一下手，跺左腳一次。
拍三下手，跺右腳三次。拍三下手，跺左腳三次。
拍五下手，跺右腳五次。拍五下手，跺左腳五次。
舉起右手，當我數到三時，大聲喊：「出發！」
再喊一次，大聲一點。
再喊一次，更大聲一點。

這個投影片一放下去，屢試不爽，從來沒有失敗——不論聽眾是否有學術背景、學生、組織機構，對任何一個群體都是如此。首先是一陣尷尬的靜默，然後開始有人拍手，接著其他人也跟著，然後是一些零星的右腳跺步聲……然後大家就會開始投入。到了「拍三下手」的指示，全場已經完全同步。就算現場有數百人，神奇的是每個人都會精準地在同一個時間開始拍手，接著，人們就開始加速。拍手聲愈快，跺步聲也就更快，我並沒有要大家加速，但他們自然而然地就這樣做了——而且不知怎麼地，他們竟然成功地以完全相同的速度加快，整個群體就像已經練習了幾個星期一樣，節奏一致。

等到他們第三次大喊「出發」時，他們真的感受到了……一種氛圍。雖然我不是邪教教主，但當下我覺得如果我此時離開會場，他們也會跟著我走。當他們完成這個練習時，我保持沉默，慢慢地人們開始回過神來：那種強烈的集體感覺消退了，他們開始相互看著，彷彿在問：「剛剛到底發生了什麼事？」

這就是集體儀式的力量：它們可以激發出艾彌爾・涂爾幹（Émile Durkheim）[1]

說的「集體興奮」（collective effervescence）現象。即便是一系列的隨機動作，只要是一起表演，就能讓一群陌生人變成很有意義的團體。如果我們真的一起跑出會場，那我們會帶著強烈的共同目的——不論發生什麼事，我們真的會這樣做。

釐清一下：這是我自己發想的特別儀式。但每次我都會看到，這一串基本動作最後都能成為一種儀式，能夠把一群在星期三下午隨機聚集在一個演講廳的陌生人，變成一個歡欣鼓舞的團體。

## 儀式不陌生

儀式是我們社群和文化運作的重要部分，不妨從那奇怪的會議廳實驗想到其他大型儀式：國歌以及圍繞著美國國旗的所有典禮儀式。人山人海的體育場，擠滿了穿著相同球衣、齊聲歡呼的球迷。宗教儀式和符號也是橫跨各大洲、經過幾百年而持續存在。這些集體儀式可以將來自不同背景、相距甚遠的人們凝聚在一起，不僅僅是一個團體，而且通常是更為強大的存在：因共享的認同和歸屬感而結合的人群、文化、國家。涂爾幹解釋說：「每一個心智都被吸引到同一個漩渦中，個人的類型幾乎與種族的類型混合在一起。」這裡的種族指的是群體融合。儀式可以通過簡單的共同行動喚起社群意識。這種聚集在一起，並且在最看似微不足道的共享行動中建立聯繫的能力，顯然是人性的一部分。對於那些經歷過或經常參與這類儀式的人來說，這種強大的社群感和團結感是非常有意義的。

這些大型儀式也可能帶來相當沉重的社會代價。它們能夠將我們劃分為不同的群體，並鼓勵我們對某些社群產生強烈的認同，同時排斥其他人。這就是儀式的強大效應：它們不僅能團結，還能分裂我們，有時甚至能修補出現的社會矛盾和分歧。

研究發現，早在人類發展的早期，儀式和群體凝聚之間就有了聯繫。溫霓可（Nicole Wen）、派翠西亞・赫爾曼（Patricia Herrmann）和克莉絲提・雷加瑞（Cristine Legare）找來七十一位孩子，年齡是四歲至十一歲參加課後輔導，並給了他們一條特定顏色的手環，比如綠色。接下來的兩週裡，每週三天，他們會拿到與手環同色的項鍊製作材料。有些孩子拿到材料後就開始按照自己的喜好製作項鍊。而另一些孩子則參加了一個項鍊製作儀式（由一位穿著相同顏色服裝的老師引導）：「現在拿起一根綠色的絲線。然後將一個綠色的星星放在你的頭上。接著把絲線放在綠色星星上，再拍手三次。」孩子們按照指示依序做了綠色圓圈和綠色方塊，之後再次重複整個過程。

兩週結束之後，參加儀式的孩子在有其他顏色選項時，比較不願意把手環換成其他顏色，反而比較有可能想選同樣顏色的帽子。而且，他們不僅喜歡那個顏色，還認為分享同一顏色的團體是最棒的。甚至認為剛進來的新學生會更喜歡加入綠色小組，也更有可能推薦來自綠色小組的學生成為其他課外活動的特別助手。

甚至連十六個月大的幼兒也能辨別儀式性的動作，並推斷做出同樣儀式動作的人可能會結成聯盟。在一項研究中，當幼兒看見兩個人都用頭打開電燈（但明明可以用手），就會認為這兩個人會合得來。

儀式和團體歸屬之間的聯繫是深入且廣泛的。團體儀式隨處可見，在教室、軍營、體育場和辦公室——讓一群陌生人為了共同目的聚集的任何地方。看看任何一支奪冠的球隊（當然，公平點說，大多數失利的球隊也是如此），你就會發現儀式構成了他們之間緊密的連結。紐西蘭國家橄欖球隊「黑衫軍」（All Blacks）以毛利人儀式「哈卡」（haka）而聞名，包括隊友用力拍打大腿、跺腳，並高聲呼喊「Up the ladder」和「Up to the top」。如果你觀察過每一支職業運動隊，在比賽前或暫停時，你都會看到他們聚在一起打氣歡呼。例如，紐奧良聖徒隊（New Orleans Saints）的前任四分衛德魯·布里斯（Drew Brees），在每一場比賽前都會帶領球隊進行一種儀式性的吶喊。德魯說「一」，其他聖徒隊隊友就說「二」，德魯再說「贏」（Win），隊友說「為了你」（For you），德魯說「三」，隊友說「四」，德魯又說「贏」，隊友最後會說「更多！」（Some more!）（我演講時的儀式，就是特意模仿了這些團隊儀式。）

因為這樣的儀式，我們許多球迷都願意在比賽日追隨著德魯·布里斯。對大多數人來說，我們最常在辦公室使用「團隊」這個名詞。工作職場已經成為成年人體驗將陌生人團結在一起的團體儀式主要場所。

有些沃爾瑪（Wal-Mart）超市的員工也會在每次上工前進行一個儀式：「給我一個W！給我一個A！給我一個L！給我扭一扭！給我一個M！給我一個A！給我一個R！給我一個T！」——最後還有「這是誰的沃爾瑪？這是我的沃爾瑪。」這段口號還有個特殊的指示，當「扭一扭」一出來，全體員工——整齊劃一——一定要扭動屁股。難怪這場上工之前的儀式會被形容成「三分之二的軍事化，三分之一的團結」。你可能會想，在如此龐大、效率優化的公司，應該是效率至上，沒有多餘的空間進行奇怪的儀式。但是行政團隊非常懂得如何打造團隊精神，以及如何強化。

當共享汽車企業Zipcar轉型使用行動辦公的策略時，員工們拿到了錘子，允許砸爛他們的桌上型電腦。而在Google，新進員工會戴上頂部裝有跟Google標誌一樣顏色的螺旋槳毛線帽，每頂帽子上都印有「noogler」紋飾：這是公司給菜鳥的名字。二〇一八年星巴克的一場股東大會上，合夥人法比歐菈・桑切斯（Fabiola Sanchez）和瑟吉歐・阿爾瓦雷茲（Sergio Alvarez）為參加的三千人舉辦了一場咖啡試飲會，還提供了非常仔細的說明：先聞咖啡的香氣，品嚐獨特的風味，大口啜飲，確保咖啡在舌尖上涵蓋所有味蕾。目的何在？就是為了讓與會者能更貼近公司。

但是，說實話，這些工作儀式真的有效嗎？很少有員工（無論是銷售人員、顧問還是客服專員）會真誠地相信管理階層強行要求的團隊儀式——從早晨的口號到信任考驗（Trust Fall）——真的有用。一個扭動和一個蹦跳真的能改善員工在工作中的體驗嗎？

## 組織團隊

人們渴望在工作上找到意義和目的，而這種渴望在最近幾年只增不減，這種渴望也是所謂「大辭職潮」（Great Resignation）現象的一部分，其實這個趨勢早在疫情爆發前就已經開始了。一份針對兩千多名美國專業人士的調查發現，平均來說，人們會願意為了「持續有意義」的工作而放棄二三%的收入。也就是說，當我們覺得目前的工作很有意義時，我們更有可能拒絕那些薪水更高的工作。正如《哈佛商業評論》一篇文章所說的：「意義才是新餉」（Meaning Is the New Money）。大多數人希望感覺自己是作為團隊的一分子在工作，而不是孤立無援地單打獨鬥。於是我和同事們開始研究，職場儀式是否與我們對工作和同事的感受有關。這些儀式有效嗎？還是只會反其道而行，招致所有人的白眼？

花一點時間想想看你曾在職場上參與的團體活動。是什麼樣的活動？你和同事們到底做了什麼？你們是什麼時候做的？多久要做一次？而你對這個活動又有什麼樣的感覺？

在金泰咪主持的研究裡，我們對兩百七十五名專業人士提出下列問題，而他們給出的回覆發人深省。許多人提到了工作後一起吃午餐或喝東西的儀式；辦聚餐和一起運動也很常見。大多數儀式都特別針對某個工作團隊或組織的，就像這個例子一樣：

> 我們團隊裡的五個成員每天都會一起從附近的餐廳叫外賣（每週輪流選擇五家餐廳，每天一家）。因為我們有五個人，所以每個人每週都能挑選一間餐廳。我負責星期一，T是星期二，D星期三，以此類推。我們會在會議室內

享用午餐，費用則平均分攤，這樣做不僅可以打破千篇一律的午餐休息時間，還讓我們期待每天的午餐時間。

有些受訪者竟然想不出任何例行活動，就像這位脾氣暴躁的人說的：「我才不參加任何這類的活動。我的工作完成後就直接回家。」

不過總的說來，大多數人提到的活動都有一些共同特點，這些儀式通常都會重複進行，而且似乎都能讓工作中的乏味單調變得有趣活潑——人們都會以「令人興奮」、「有趣」來描述——還有把大家聚在一起，讓他們得以「分享」和「凝聚」。這些儀式讓他們不再只是成為機器裡的齒輪，每分鐘自動調整，相反的，他們成了團隊的一員，擁有共同的目標。

我們也問了參與調查的每個受訪者，評價他們覺得的團隊活動的意義，並進一步更廣泛的讓他們表達：這個工作對他們來說有多重要？我們得出了兩個關鍵發現。首先，被評為儀式性的團體活動——從週五的下班小酌到週一的散步會議，再從午餐指導時間到公司健身房的午後瑜伽——愈是被認為有意義，員工就愈能在這些活動中找到更多的意義。其次，最重要的是，我們發現，活動愈是儀式化，人們在工作本身中找到的意義也就愈多。報告顯示，在職場缺乏儀式的員工對公司的情感，通常比那些有儀式感的員工低。

然而我們的調查結果仍然有些含糊不清。對自己的工作和團隊感到滿意的人可能只是偏愛創建儀式——如此一來，那麼儀式就可能不是一個主要的指標，而是次要的。我們想要更清楚地了解這個問題：是工作儀式創造出意義，還是只是反映了原本就存在的意涵？

於是在一個實驗裡，我們找來了三百六十位彼此都不認識的陌生人組成小組，共同完成一個創意任務。我們把他們分成了幾個小組，要他們相互腦力激盪，一起合作，盡可能想出六面骰子的各種用途。

但我們先請他們一起制定出一個團體儀式，其設計與我們看到職場上會有的儀式相似，並包含以下動作：

第一步：用左手拍右肩三下。

第二步：用右手拍左肩三下。

第三步：膝蓋彎曲，右腳跺一下，然後左腳也跺一下。

第四步：拿起桌上的一張白紙，把它揉成一團後，左手拿著。

第五步：右手握拳，放在心臟處停留七秒。

雖然每個人都做完全一樣的儀式，但關鍵的不同在於：有些小組執行這個儀式時彼此面對，其他組則是背對組員。這意味著背對著彼此的小組進行的其實比較像是個人儀式，而面對著彼此的小組則是在共同參與一個團體儀式：他們一起體驗著，共同關注著，看著其他人也在做同樣的事情，並評估著他們的反應。

在所有小組都做完儀式之後，他們就開始腦力激盪，尋找解決方案。結果面對彼此的小組不僅覺得自己和同伴更親近，還表示儀式讓腦力激盪的任務更有意義。當我們檢視小組在腦力激盪任務的表現時，儀式所創造出來的意義已經轉移到對任務的重視上：這份「工作」開始變得更為重要了。而且完成團體儀式的小組，隨後還詢問是否可以交換電子郵件地址，這樣他們就可以在實驗室外聚在一起。沒想到我們的臨時儀式竟然激發了小組之間的凝聚力。

研究人員道格拉斯．萊皮斯托（Douglas A. Lepisto）想深入探究這個現象——儀式如何影響員工對工作意義的看法。二〇二二年，他發表了一份為期二十一個月的田野調查，主要對象是一間製作普通運動服裝和鞋類的公司——為了保護公司隱私，我們姑且稱它為「Fitco」。在他調查期間，Fitco公司為員工引進了一個稱為「Liven」的新形態運動課程。要參加Liven的員工一定要沿著泥巴路一路走到專門為這門課設計的建築物。隨著運動課的上課時間愈來愈近，音樂也愈來愈大聲，教練也會倒數計時——「三、二、一、開始！」——這一切都營造了一種戲劇性的氛圍。實際的運動課程有很多不同的主題，運動強度都很高，而且要盡快完成，有時甚至只有短短五分鐘，強迫員工全力以赴。總的來說，員工們都蠻喜歡的，有些人在體驗後完全說不出話來，而其他人則只能用粗口表示：

「我們已經為大家開啟了該死強大、且很有改變力的東西。」Fitco的溝通經理告訴萊皮斯托。「沒有人能真的說明這課程有什麼意義，」客戶關係總監補充：「但他們都知道這課程很棒，也希望每個人都能體會到，卻難以用言語表達。」

有位員工說：「我覺得公司變得不太一樣……我也不知道，我能說的只有『Liven』給了Fitco一個目標，而這個目標不僅在我的生活中實現了，也可以改變我朋友們的人生。」

Liven儀式大大改變了那些參加者。這個儀式不僅影響了人們的主觀感受，還改變了員工對工作、公司和共同意義的看法——對員工來說，公司「不再只是為了鞋子和衣服而存在。」

## 信任考驗真的有用嗎？

不是每一種團隊儀式都能像Liven運動那樣讓人振奮。有些儀式感覺很強迫，有的讓我們感到無聊或更想大翻白眼。彭博新聞台訪問了西班牙瓦倫西亞「Day Translations」公司的企劃經理（content manager）克里斯汀娜・孔本（Christina Comben），她提到了一次災難般的團體建構練習，她的老闆帶團隊去打漆彈。沒錯，情況就和你想的一樣糟。「我不是什麼神射手，」孔本為自己辯護道，「我瞄準的也不是他，但我打出去的漆彈就是跑偏了，接下來我只看到『我的老闆』躺在地上。遊戲停了下來，救護車趕到，人們開始討論是否可能造成他肝臟撕裂、腎臟受損。」孔本的老闆後來沒事——但她的工作卻不是如此。「我覺得很抱歉，」她說，「六週後我決定離開公司。」

撇開那些徹底的災難不談，有效的團體儀式有什麼共通點？我們又能從中學到什麼？當一群陌生人聚在一起歡呼、唱歌或進行團隊活動時，是什麼讓他們聯繫在一起的？儀式中的哪些元素能創造出那種我們渴望的目標感和團結感？我和同事發現，其實只需要一些非常簡單的元素組合就能讓群體凝聚在一起。即使是那些看起來老套的信任考驗活動，有時也會出奇地有效。

想像一下科羅拉多州揚帕河（Yampa River）上的泛舟（white-water rafting）之旅。我們抵達時，發現參加者全都是陌生人，大家都準備好迎接激流的挑戰。這是一件很辛苦的事。我們在黎明時分起床，使用「groover」（專為泛舟設計的可攜式流動廁所），在早晨的寒意中把裝備固定在筏子上。我們一整天都在划船，早上划，中午划，下午也在划。在這麼多辛苦的任務中，我們這些原本各自握著槳的獨行者是什麼時候變成一個有凝聚力的團隊呢？為了回答這個問題，研究人員艾力克・阿諾德（Eric Arnould）和琳達・普萊斯（Linda Price）分析了泛舟旅遊業者如何應用儀式團結團隊，征服激流。

一個儀式是，嚮導帶著參加者去「親吻石頭」，每個人都要做，以確保在穿越湍急的河道時可以安全過關。在另一個階段，全員利用自己身體搭建出「瀑布」，來阻斷溪流。一位參與者描述道：「參加的人們相互擁抱、用手臂勾搭著在其他情況下會被視為陌生人的人……當下真的是一個美好的共享時刻。」

同一梯次的泛舟成員都表示，這次旅程讓一群陌生人變成了對彼此都很重要的團隊。有人甚至提議明年再聚一次，儘管「我們每個人都來自不同的背景和環境，而且性格也都不一樣。」

然而，這樣的情誼是怎麼形成的呢？首先，正如我們在實驗室中所見到的「同步」（synchrony），只需要簡單規畫同樣的動作，讓一群人跟著做，共享注意力，就能見證每一個人動作都整齊劃一，建立互信。其次，我們看到很多團隊創建的儀式都包含了身體接觸的活動。就像我們在表演儀式中發現的一樣，團體儀式中的活動能幫助我們放下自尊。第三，或許也是最重要的，這種情誼是建立在泛舟成員的新身分認同上。他們都離開了自己的舒適圈——舒適的社交圈和角色——到一個充滿風險的情境，而要生存下去就得靠團隊的凝聚力。

這群泛舟人士願意嘗試嚮導建議的大部分活動。即使是那些大家通常討厭的儀式，也能帶來正面的效果。有時，一起經歷一段糟糕的團隊建構經歷，反而是拉近彼此距離的最佳方式。就連其中一個最常被人詬病的團體儀式，仍然讓那些泛舟者感到意義非凡：

接下來我們玩了一個信任遊戲，我們站成一個緊密的圓圈，有一個人站在中間，閉上眼睛，然後我們開始輕輕地推動他的身體來來回回……這大概是這次旅程中建立團體感的一個轉折點吧！

沒錯，即使是信任考驗這種活動也能發揮正面效果。為什麼呢？在工作場合中，即使是討人厭的儀式，也能對公司多少有點貢獻。員工們會互相抱怨，而這些抱怨正好正中主管下懷：把陌生人變成一個團隊。在一次特別尷尬、老闆要求的儀式中，員工們一起翻白眼，這種同步的團體行為其實包含了許多團體儀式成功的元素。

就像祈雨舞能在危機時期重新團結社區一樣，團體建構的儀式也能讓我們有患難見真情的同志情誼——即使有時會讓老闆有些尷尬。無論是我們自己創造的還是被強制的團體儀式，都能給我們的工作日和工作本身帶來更多的意義和目的。真正成功的組織也會給個人留出空間，讓他們能把自己的儀式和特質融入工作，讓這兩種類型的儀式都能茁壯成長。我們可能會有像是朝會好讓每個人進入狀況的團體儀式，但個人也可以有自己的準備儀式：在辦公桌前喝杯咖啡、玩個填字遊戲、繞辦公室一圈看看誰已經進公司了、每天都搭七點十五分的火車、一抵達公司就在公司的招牌上拍一下。這些動作對整個團隊來說都很重要。

## 多數人不喜歡開放式辦公室

過度操控員工之間的關係反而會損害個人和團隊的成功凝聚力——對成功的團體關係亦是如此。最佳的證據便是對於開放式辦公空間掀起的憤怒。英國《衛報》就曾經有個頭條標題寫著「開放式辦公室是由地獄最底層的撒旦所設計的。」法哈德・曼朱（Farhad Manjoo）曾提筆寫過這類辦公室，例如WeWork❷，他指出：「它的興起表明我們在現代生活中，沒有有效的方法來重視和保護私人、不被干擾的空間。」不論我們是否在伸展、哼哼曲子、用腳打拍子，還是做三次深呼吸，這種缺乏隱私的環境會打亂我們在工作中幫助自己度過一天的小儀式。這種辦公室設計會把我們的辦公生活縮減成《洋蔥報》（The Onion）的標題：「零售員工的小日常：在庫房的安靜角落喝一罐Dr Pepper汽水，然後不自殺。」

對企業來說，開放式辦公室通常是出於經濟考量：這樣能更有效地利用空間。然而，這種設計通常被包裝成能增加隨意和自發的交流，促進員工之間的聯繫。但實際上，開放式辦公室往往會適得其反：不僅沒有增加員工之間的交流，反而減少了互動。伊森・伯恩斯坦（Ethan Bernstein）和班・魏伯（Ben Waber）就追蹤了兩間世界五百大（Fortune 500）公司總部，在引入開放式辦公計畫前後的面對面互動，結果顯示，互動不僅沒有增加，反而下降了七〇%。伯恩斯坦想知道小規模的隱私干預是否會產生巨大影響。於是他與中國一家工廠的管理者合作，研究引入一點點私密空間的效果——其實只是簡單地用簾子把一些工作團隊隔開。使用試驗簾子後，一名員工說：「我真希望他們能在整條生產線周圍都拉上簾子。如果這樣，我們的工作效率會高得多。」於是，他們真的這麼做了，使用簾子將寬敞的工廠間隔成小型的工作空間。結果，這項簾子干預在接下來的幾個月裡提升了一〇～一五%的工作績效。

## 把工作帶回家

關於開放式工作侵害個人空間和隱私的問題有一個可能的解決辦法，而這辦法正是疫情肆虐期間的趨勢：在家工作。但是，這也帶來了一些新的挑戰。當數百萬專業人士和學生開始在家工作時，每天一開始要從「家裡的自己」切換到「工作的自己」，工作結束時再切換回來，成了一場鬥爭。通勤、隔間和商務休閒穿搭——儘管有很多麻煩——卻讓我們在日常生活中更容易切換不同的角色。沒有了這些儀式，很多人發現自己很難保持工作和生活的平衡。

當專欄作家娜利・鮑樂絲（Nellie Bowles）開始她的新居家辦公生活時，做了各種努力來保持工作日的儀式感：

我很渴望儀式感。每天，我都會穿好衣服、穿上鞋子、把煮好的咖啡倒進杯子裡，然後告訴我的兩個室友我要去工作了，待會兒見。接著，我會繞幾圈，然後在我們客廳角落的一張桌子旁坐下，就在幾步之外……這是我讓昏昏欲睡的大腦意識到工作日已經開始的方法。

在多倫多，凱爾・艾希禮（Kyle Ashley）也發展出了一個適合自己的類似儀式。他每天早上都騎自行車上班——直到他也開始得在家工作，但總覺得少了點什麼。有一天早上，他突然靈光一現：「這樣下去不行，得改變點什麼。」——然後他便開始從臥房騎腳踏車到客廳，大約僅二公尺左右的通勤之路。

當人們重返工作崗位時，他們面臨了另一個問題：如何將自己在居家辦公期間發展出的私密儀式帶回到開放式辦公室呢？於是有人和我分享了這樣一個例子：

> 二〇二〇年三月我開始在家工作時，每天早上都會穿上我的日式室內拖鞋，才開始一天的工作，這讓我感到很舒適。現在我們大部分時間都回到辦公室了，我便在網路上多買了一雙，把它們放在桌子底下，一到辦公室就穿上。
>
> 起初，我還試圖隱藏自己在工作時間穿拖鞋的事，但後來發現根本沒人介

意。大家都把自己的居家小舒適物帶回了辦公室。

隨著企業嘗試在日常工作中設計更多儀式，精神顧問和儀式設計師的數量也在增加。他們正在尋找新的方法，把宗教社區提供的神聖語言和社會凝聚力與現代管理文化結合起來。可以想像成點著蠟燭的麥肯錫（McKinsey）[3]。這些顧問的存在，就證明了儀式與當今企業文化的相關性，但時間會告訴我們，增加職場儀式是否真的對員工或公司有幫助。

## 把工作放下

這幾年，工作生活發生了巨大的變化，讓我們很多人都在努力平衡個人身分和工作身分，無論是從家裡、辦公室或是任何地方工作。這使得在工作日結束時的儀式變得尤其重要。無論是實際走出辦公室、關上電腦，還是鎖上工作室的門，我們要怎麼做，才能真正在情感上放下工作呢？

如果你還繼續在家工作，可以給自己制定一個獨特的儀式，劃分家裡的特定區域，或者使用一些只用於工作的物品，比如杯子、筆或筆電。這樣可以幫助我們進入工作狀態，也能在該停下來的時候劃清界限。

如果你是在辦公室或現場工作，找到一種方式來標記一天的結束非常重要。這可以是快步走回家、離開工作場所前用冷水潑臉，或者在回家途中聽幾分鐘的古典音樂。沒有這種結束工作的儀式化——把壓力留在辦公室的方法——我們都很容易疲憊和焦慮。

在班・羅傑斯主持的研究裡，我和同事們探查了北卡羅萊納州將近三百位護理人員的工作結束儀式——他們幾乎每天都得面臨忙亂和高壓。我們發現許多人都有獨特的儀式，其中一位護理人員這樣描述：

> 下班打卡後，我會有意識地摘下工作證，放進工作包裡。這時，我會告訴自

己，「今天的工作結束了」，並提醒自己今天已經不用再對病人負責了。

另一位護理人員則將淋浴變成一個複雜的儀式，甚至包括特定的飲料：

> 我回到家後，會先拿罐啤酒才進浴室沖澡。我們家的熱水器很舊，只能提供七分鐘的熱水。我會在淋浴時充分清潔自己，然後做伸展。每個伸展持續三十秒，然後喝一口啤酒，直到熱水用完，全程專注於放鬆身體。

耐人尋味的是，護理人員們用來描述她們儀式目的和效果的兩個常見詞是「舒壓」和「放鬆」。這是我們所有人都需要的——如果你還沒有找到方法，不妨像這些護理人員一樣，簡單、重複的日常儀式也能幫助你在一天結束時擺脫工作狀態，回到真實的自己。

雖然每天花幾個小時進行儀式對身心健康有好處，但誰有那麼多時間呢？諷刺網站ClickHole就緊抓住這個問題，不斷地告訴人們如何提升生活品質：「為什麼你還沒有做這些事：每天必做的四十一件事以避免倦怠。」其實，承認並重視你已有的職場儀式不需要花時間——因為你已經在做了。重點不是從現在開始給生活增加四十一種新儀式，而是找到適合你的少數幾個。有時，這可能意味著對已存在的有意義儀式做些小改動；其他時候，可能就意味著需要從頭開始創建新的儀式。

---

❶ 編註：艾彌爾・涂爾幹（Émile Durkheim，一八五八～一九一七），法國猶太裔社會學家、人類學家，與卡爾・馬克思及馬克斯・韋伯並列為社會學的三大奠基人。

❷ 編註：WeWork 提供共享辦公室，二〇一〇年成立於美國，但已於二〇二三年十一月申請破產。

❸ 編註：麥肯錫公司為一間管理諮詢公司，為全世界各大企業或政府的高層幹部獻策、針對龐雜的經營問題給予適當的解決方案，有「顧問界的高盛」之稱。《科學》雜誌倫敦記者戲稱：「如果上帝決定要重新創造世界，祂會聘請麥肯錫。」

# Chapter 12 當儀式出現緊張和爭議時，該如何處理？

我真的超討厭你做的那些選擇。

——《辦公室瘋雲》（The Office）❶麥可・史考特對陶比・弗蘭德森說

從一九五〇年代至二〇〇〇年，半個世紀以來，埃斯特・葆琳・萊德勒（Esther Pauline Lederer）一直都是美國最受歡迎的建議專欄作家。她以「安・蘭德斯」（Ann Landers）的筆名對無數家庭、朋友和夫妻之間的摩擦問題發表看法。她的智慧在全美國各地廣泛傳播，每天都讓讀者心有戚戚焉。不過，一九七七年她發表的一個觀點卻讓她的粉絲們憤怒地扯爛報紙，發生了什麼事？原來是關於一個不太受到重視的家庭必需品：衛生紙。

在一篇看似無害的專欄文章中，萊德勒提到她喜歡把衛生紙以「朝下」的方向擺，而不是反折「朝上」擺放。她完全沒想到，這篇文章竟成了她最具爭議的作品之一。超過一萬五千封信蜂擁而至，大家紛紛表達對這個問題的強烈不滿和憤怒。許多人承認，這是家庭裡會激烈爭論的話題——在一項針對數千人的調查中，有高達四〇%的人表示衛生紙的擺放方向一直是自己家爭論不休的源頭之一。這場爭論一直都沒能平息下來，還不斷延伸到人類習慣的爭議，甚至駐守在南極阿曼森斯科特考察站（Amundsen-Scott Research Station）窄小房間的研究人員也說他們為了衛生紙「朝上」還是「朝下」爭論不休。此後幾十年，萊德勒始終未能擺脫她的「衛生紙事件」。這個話題不斷出現在寄給她的信件和她的專欄中，直到她於二〇〇二年逝世。

不過為什麼如此無害的事情會引起這麼大的爭議呢？

不同群體的誓言、標誌和旗幟，讓我們能向世界宣告，「我就是這個族群的一員。」但這種強烈的身分認同和歸屬感可能會是把雙面刃。如果我們覺得自己的群體很好，就很容易認為群體之外的人都是壞人。我們對儀式的正確執行如此執著，是否會讓我們把其他人推拒在門外呢？儀式可以加強群體內部的聯繫，但也能加速群體之間的分裂、不信任和敵意。

衝突可以很近也可以很遠，可以就在我們餐桌上發生，也可能是國際舞台上，常常因為最小的儀式「違規」而造成。一九二二年九月，紐約市經歷了連續八天的暴動、傷亡和逮捕，原因呢？只是因為人們在傳統九月十五日的換季日子（民眾應該要因應氣候換穿正確的毛氈帽或絲織帽）後還繼續戴著草帽。就在接踵而來的混亂裡，「青少年成群結隊手持棍棒在街頭徘徊，有的上面還釘著釘子，搜尋著任何戴著草帽的行人，並毆打那些反抗的人。」在那場逮捕中，名叫席爾曼（A. Silverman）的男子被地方行政官「彼得．帽丁」（Peter Hatting）❷判入獄三天。

現在看來，這個習俗和衝突都很荒謬。但當時這個戴帽子的儀式象徵著穩定和傳統，體現了社會秩序和結構，讓每個人的角色和身分都很清楚。當這種社會秩序被打破時，有人在一九二二年九月十六日醒來後大喊：「這是不對的！我們該為此做些什麼！」就因為一頂錯誤的帽子，一場暴動就這樣爆發了。

你可能覺得自己不會受這種事影響：「我才不會為了這種芝麻蒜皮小事而激動。」所以，每次我演講時，我總是會提問：「你的伴侶會用正確的方式把髒碗盤放進洗碗機嗎？」反應總是很明顯。令人驚訝的是，很多人認為他們伴侶的放法不僅效率低，還會損壞機器，更顯示了他們判斷力差和道德觀有問題：「他怎麼會把碗放在最上一層呢！」更糟的是，這些感覺通常是互相的：「碗放在最底層？誰會這樣做啊！」其實，大部分洗碗機的使用說明書都有建議最佳放置方法，但很多人根本不會去看說明書，所以雙方都經常以錯誤方式放置髒碗盤。即便如此，這並不妨礙我們每個人堅信自己的方式才是正確的，其他方式一定不對，這正是衝突的完美配方。

那些能把我們團結在一起的習俗，也能成為分裂我們的戰線。為了保持社會和家庭的和平，我們必須理解儀式何時、為何會成為一種危害，以及如何在保持團體儀式帶來緊密聯繫的同時，不落入其陰暗面的陷阱。

## 儀式與（不）信任

當我讓群眾試試「拍一次手，跺一下右腳」的活動時，常會發生有趣的事情。大家開始同步動作時，會露出微笑——但當有人拍手的時間錯了，微笑就變成了皺眉。我問他們出什麼問題了，人們會說：「那些人做錯了。」他們說的「錯了」，指的是這個他們從未做過的虛構儀式——但他們立刻就認為這個儀式有正確的做法。而說的「那些人」，只是指那些拍錯手的人。

我很想相信這種儀式上瑣碎的差異，不會讓我們對其他人有何看法，但現實卻往往更複雜。這些小的差異反而會成為我們認為很重要的團體界限的關鍵標記。在尼克·霍柏森主持的研究裡，我們找來一百零七位受試者，目的就是看看隨機分成不同的群體後，儀式上的小差異是否會影響他們對彼此的信任。

我們的研究團隊一開始是用「最小的小組範例」分組——或者說是團體區分裡最基本的元素來分組——受試者會看到一個充滿很多小點的畫面，然後他們要估算點的數量。然後根據他們的估計結果將他們分為兩組：高估數量的一組和低估數量的一組。這種區分幾乎毫無意義——螢幕上點數太多的文化和點數太少的文化？——但我們想知道的是，是否能用團體儀式來強化這兩組的團體身分認同。

在這個團體儀式裡，大家每天都會進行同樣順序的動作，為期一週：

---

首先，閉上眼睛，深呼吸五次，讓自己專注於即將進行的動作。輕輕低頭，閉上眼睛，然後雙手從身體往外做擦拭的動作。最後，讓雙臂自然垂放在身旁兩側。

---

結束時：

---

把雙手放到背後交握。稍微彎腰，完成以下動作五次：將雙臂放下，低頭，閉上眼睛，做擦拭動作。最後讓雙臂自然垂放在身旁。深呼吸五次。這樣就完成了。

---

一週結束後，大家都來到我們的實驗室，參加一個叫「信任遊戲」的實驗。這個實驗用真的金錢來測量受試者之間的信任。有些人和自己組裡的人一起玩，另一些人則和其他組的人一起玩。

這個儀式足以讓受試者信任和獎勵「自己人」，賦予他們隨機團體身分更多意義，同時也會不信任和懲罰「外人」。低估者會把更多的錢分給另一個低估者（十美元中有六・三美元），而分給高估者的則較少（五・二九美元）。另一組人也玩了信任遊戲，但這些人並沒有事先進行團體儀式。結果呢？他們對兩個團體的成員信任度相同。

在一個類似的實驗中，我們讓受試者觀察其他人玩信任遊戲，並使用腦波儀來測量他們的腦部活動。我們關注的是一種特定的腦波模式——反饋P300，它可以追蹤人們對獎勵和懲罰的反應。進行過團體儀式的人在觀察自己團體內的成員時，腦部顯示出更多正面反應，而在觀察其他團體成員時，則顯示出更多負面反應。他們喜歡自己的團體，但對其他團體的人則準備了懲罰。

團體儀式在一個群體內建立了信任，但也對另一個群體產生了不信任。就像儀式讓這個群體團結起來，說：「我知道我可以信任誰，絕對不是他們。」

我們想知道儀式的哪些方面導致了這種信任和不信任的雙重感受。於是，我們設計了一個變化版的實驗，並加入幾個不同的儀式——一個更複雜費力，另一個則更簡單快速。根據我們對IKEA效應研究得出的結論——也就是當我們在某件事情上花費更多心力時，我們會更重視它。所以，我們假設努力的程度可能會影響人們對那些「做錯」儀式的人的懲罰力度。

努力顯然是很多團體儀式裡的組成條件之一。研究人員調查了參加一年一度的印度教盛典大寶森節（Thaipusam）[3]兩個宗教儀式的參與者。一個是低強度儀式（包括唱歌和集體祈禱），另一個是高強度儀式（包括用多根針刺穿身體並在肩上扛重物）。在這些儀式之後，研究人員請這些參與者捐款給寺廟以測量他們對宗教的虔誠度。結果發現，高強度儀式的體驗者願意捐出更多的錢（約一百三十二盧比），而低強度儀式的捐款只有約八十盧比。人們經歷的疼痛與他們願意捐款的多寡相關：愈疼就捐的愈多，對群體的忠誠度也愈高。

我們的研究無法做到那麼極端，於是我們設計了一個最終實驗來測量努力的效果。一組受試者被分配進行比較輕鬆的儀式（動作少、重複少），另一組則進行比較吃力的儀式（動作多、重複多）。然後我們讓每個人玩兩次信任遊戲——一次和自己團體的成員玩，一次和其他團體的成員玩。結果顯示，那些進行比較輕鬆儀式的人只稍微偏向自己的群體成員，平均多給他們〇・三一美元。而進行比較吃力儀式的人，對自己團體和其他團體的偏向差距則超過了一倍，達到了〇・七二美元。

## 對自己人更嚴厲

每當我請觀眾參加一個儀式時，我總能精確預測到一種反應。通常會有一個人，一個想顯得比其他人更聰明的男性，拒絕參與。（這個人也會在我問問題時拒絕舉手，比如「有多少人認為A？」或「有多少人認為B？」但當我問「有多少人拒絕舉手？」時，他的手會立刻得意地舉起來。）而且，觀眾總是對這些拒絕參加的人特別不屑。因為在儀式中，沒有旁觀者，你一定要和我們一樣做對——不然你就是做錯的那一個。

當我們賦予自己的儀式深刻的意義，讓它們變得神聖不可侵犯時，偏離這些儀式就成了一種違規，必須受到懲罰。當其他團體儀式與我們的衝突時，明顯的不信任就會產生。另一種由儀式引發的敵意就是對我們自己群體中那些做錯儀式的人的仇恨，這被稱為「黑羊效應」（black sheep effect）。當自己群體成員行為不當時，我們對他們的批評比對其他群體成員更嚴厲。比如，你會對沒來參加自己婚禮的妹妹，比對那些不來的前同事更生氣，或者對和你前任約會的好朋友比對陌生人更生氣。再比如，你那從小和你一起忠於紐約尼克隊的好朋友，竟然在大學後開始支持波士頓塞爾提克。我們對這些人期望更高——我們期望可以信任他們。

每當我參加不同信仰的宗教儀式時，我總會不由自主地把他們的儀式和我們的儀式做比較，尋找兩者相似之處，同時注意到不同之處：這部分我們會站著，他們在那個部分會握手，同樣意思的話我們是這樣說，而他們則那樣說。在一個由加州大學柏克萊分校博士班學生丹・史坦恩（Dan Stein）領導的研究計畫中，我和同事們想調查人們對違反自己團體內儀式的反應。究竟要改變或調整儀式到什麼程度才會引起憤怒？如果我們先做一個小改變，再做另一個，然後再做另一個，什麼時候我們的違規檢測器會響起？哪些改變可以容忍，哪些則會引起警報？

為了找出答案，我們請猶太人考慮以下情景：

想像一下，你剛搬到一個新的地方，加入了一個新的猶太會堂。會堂在不同成員的家裡舉辦了幾場逾越節晚餐。你報名參加，並被邀請到其中一場。當你到達東道主家時，即將主持晚宴的主人迎接你、問候你，然後帶你走到晚宴餐桌。

接著，我們問受試者，如果主人告訴他們晚餐的一些儀式項目會有變動，他們會怎麼想。我們讓他們想像主人會改變一個項目、兩個項目、三個項目、四個項目、五個項目或六個項目——並告訴他們替代項目是什麼。例如，烤雞蛋（beitzah）會換成起司，或是羊大腿骨（zeroa）會被雞骨頭取代。

我們還問了每一個人對於品項改動的憤怒程度，還有他們對於主人道德品格的感覺。控制組裡的人則被告知想像主人沒有做任何調動。

我們預測這個憤怒會是線性發展的：每改變一個項目，評價會稍微變得更負面一點。但如果儀式是神聖不可侵犯的——我們的團體知道不能亂動傳統——那麼即便只是一個改變就足以引起憤怒，覺得品德上被侮辱。我們的測試結果支持了這種神聖觀點：在第一個改動時，就出現最大的反彈和憤怒，並覺得品德敗壞。之後多餘的變動影響不大，雖然確實會出現更多的負面反應，但最大的損害在第一次改動就造成了。

這種對儀式違反者的嚴厲反應不僅限於猶太教。在另一個實驗中，我們讓天主教徒觀看一些人比畫十字的影片。有些影片裡人們做了正確的手勢：用右手依序觸碰（1）前額、（2）胸口、（3）左肩和（4）右肩。其他影片則出現人們省略了一些步驟。然後，我們讓天主教徒想像自己在教堂委員會裡，正在策劃一個重大節日活動，需要分配一些不愉快的任務，比如清潔廁所。那些看到教友亂比畫十字的天主教徒，更可能把違規者分配去打掃廁所。

這些研究結果也提供了一些實用的建議。當我們為自己創造私人儀式時，任何變動只會影響到自己，但當我們試圖改變他人珍視的儀式時，即使我們認為自己的團體成員不會介意，但我們其實進入了更加暗潮兇湧的水域而不自知。人們在考慮改變或放棄儀式時，常常會想只改變儀式的一小部分以安撫那些堅守傳統的人。「今年我們只用火腿代替奶奶的火雞食譜」，你可能會這樣想。但這一個小改變往往會引起與徹底改變相同的眾怒。

也許可以採取一種不同、更大膽的策略。如果對現有儀式的改動讓我們感到不安，或許從頭開始創造一個全新的儀式會更好。如果孩子不在家過節，讓假期感覺怎麼都跟以前不一樣，那就不要試圖堅守你們在一起時珍視的儀式。試著開始一個全新的儀式——也許今年適合離開家，到比較溫暖的地方過節了。

## 仇恨的元素

根據研究顯示，即使團體儀式能把我們團結在一起，它們也很容易成為衝突的源頭。那麼，哪些因素最有可能讓我們把儀式變成衝突點呢？有兩個相關因素特別突出：威脅和信仰。

當其他團體質疑或威脅到我們的信仰和儀式時，我們往往會對他們做出強烈的反應。由於儀式涉及到身分認同，我們會感覺別人是在試圖限制我們表現團體認同。這種感覺可以在「聖誕節戰爭」（the War on Christmas）這類說法中看到。一些基督徒認為他們的生活方式和儀式受到了威脅——以至於即便是從「聖誕快樂」（Merry Christmas）改成「節日快樂」（Happy holidays）這樣看似無害的改變，也會引發憤怒和憤慨，形成「我們VS他們」的心理戰。而另一種看法是，其他族群也有不同的冬季儀式，「節日快樂」這個說法更包容，涵蓋範圍更廣。威脅和信仰是緊密相連的——我們的信仰讓我們感到自己被威脅，而感到被威脅又讓我們更加堅信自己的信仰是正確的。

回想一下一九二二年的草帽暴動。當天的群起激憤是毋庸置疑的。但那真的是威脅嗎？從今天的角度看，似乎並不成立。儀式效應會扭曲我們的思維。儀式確實可以讓我們更加緊密地團結在一起——它們塑造了我們的身分——但這種聯繫也可能是排他的，並帶來高昂的代價。當儀式不僅僅是我們做的事情，而是必須要做的事情時，那就可能會從正面的積極效果轉變為引發不信任、不喜歡甚至懲罰那些有不同儀式的人。如果我們要求其他人接納我們的儀式——或是忽視其他人也有自己的儀式——那就不可避免地會招致衝突。有時，衝突很平常——好比因為衛生紙或洗碗機的小爭吵——但也可能會造成很深遠的影響。幾個世紀以來，不同宗教團體之間的仇恨引發了無數衝突。三十年戰爭❹本質上就是一場關於儀式的衝突——在教會裡吃聖餐和飲酒是否真的吃的是耶穌的身軀，或譬喻成耶穌的身體。天主教徒覺得這是真的，但新教徒則說是譬喻。於是，歐洲打了三十年的戰爭。

## 消解憎恨

我們有一個內建的安全機制來幫助自己控制憤怒：我們都是許多團體的成員，身分也不斷在變化。想想一個美國民主黨員和一個共和黨員，我們會立即想到他們有多麼不同——他們信仰不同的事物，進行不同的儀式（比如：美國全國公共廣播電台和福克斯新聞台每天早上的第一個畫面）[5]。不過，當這兩個人去看棒球比賽，為同一支隊伍加油時，他們不會在一起跳波浪舞之前考慮彼此的投票紀錄。研究發現，這種交叉聯繫有潛力整合看似不可調和的群體差異。一份針對撒哈拉以南十八個國家超過兩萬八千名受試者的研究發現，國家足球隊的一場勝利會將人們的認同從民族轉向國家。尤其是當國家代表隊的種族多樣性更能代表該國家的種族多元時，這種效果更加明顯。彷彿這些人都告訴自己：「如果他們能相互理解到足以組成一支強大的隊伍，那我們也可以。」

二〇一九年，廣播主持人賈德．阿布姆拉德（Jad Abumrad）推出了《桃莉巴頓的美國》（Dolly Parton's America）的播客（Podcast）。節目的前提是，在一個政治和文化極度分化的時刻，總是有一件事——或是一個人——幾乎能讓所有人團結起來：桃莉．巴頓❻。阿布姆拉德認為，如果把身分轉變成「桃莉．巴頓的歌迷」，我們就有機會分享更多的社會凝聚力，或許還有機會可以聽到彼此更深層的不滿。

儀式作為社會的黏合劑，凝聚了我們的群體身分，有好有壞。好消息是，這些身分的認同可以被形塑和轉變，包容更多元的人和常規。當我們擴展團體的成員時——將身分框架從政治對立轉向體育、音樂和其他文化方面——我們就有機會化解衝突，促進積極變化，並擴大每個人的歸屬感。

---

❶ 編註：《辦公室瘋雲》（The Office）改編英國電視劇的同名情境喜劇及偽紀錄片。此劇於二〇〇五年在美國國家廣播公司首播，直到二〇一三年第九季完結。

❷ 譯註：此人的姓氏本該按照英文音譯翻成哈丁，但因為英文原文與帽子有關，因此故意翻譯成「帽丁」。

❸ 編註：大寶森節（Thaipusam）是印度坦米爾人的重要節日，被視為苦行贖罪、還願、感恩和淨心節日，每年在坦米爾的 Thai 月，約是陽曆一月到二月滿月時展開。

❹ 編註：三十年戰爭（一六一八年～一六四八年）是由神聖羅馬帝國的內戰演變而成的一場大規模歐洲戰爭。

❺ 編註：美國媒體左右立場分明，絕大部分主流媒體都是傾向於民主黨理念的左派，福克斯（FOX）電

視新聞網幾乎是唯一的一家傾向共和黨的保守派主流新聞媒體。

❻ 編註：桃莉．巴頓（Dolly Parton，一九四六～），美國歌手、詞曲作者、女演員、商人和慈善家，以鄉村音樂的創作和演唱而聞名。

Chapter 13

# 如何透過儀式進行和解？

委員們列隊進入大廳，為受害者創造了一個神聖的空間。這個神聖空間包含了蠟燭、亡者禱文和追憶靜默等莊嚴的儀式。接著，受害者們被引導到指定的座位。當他們站在座位旁時，主席和整個委員會成員都上前向他們問候，感謝他們的到來，並與每個人握手。正當每個人仍然站立時，主席點燃蠟燭，同時唸出受害者和逝者的名字，然後大家默哀片刻。聽證會隨後以經文、祈禱、歌曲或靜默祈禱開始。

上述描寫的儀式是由南非真相與和解委員會（Truth and Reconciliation Commission）舉辦的聽證會，這是南非面對痛苦的種族隔離歷史的一部分。記者安潔・克羅格（Antjie Krog）將這些程序稱為創建新的「國家儀式」的努力。唸出姓名代表著種族隔離政府終於承認過去造成的傷害，這個政府在數十年間有系統地、殘酷地實行白人至上主義。經過尼爾森・曼德拉（Nelson Mandela）和其他行動主義者長時間的奮戰不懈，才推翻了原本的政府。但接下來呢？在經歷了如此多的血與淚後，一個國家該如何被治癒？

真相與和解委員會決定從一個儀式開始，一個至少能象徵性地重置並展示和睦的儀式。這些儀式程序不僅正式且近乎戲劇化，其設計目的就是告訴世人，平安和理解是可以並行的，不是表面做做而已。獅子山共和國（Sierra Leone）真相與和解委員會的主席、主教喬瑟夫・杭波爾（Bishop Joseph Humper）就曾明確表示，國家儀式需要標記的不只是新開始，還要紀念、公開向全國發表真相。理解和紀念對於調停和解都是至關重要的。有些人會評判聚焦在紀念，偏向「原諒並遺忘」。為了捍衛整個過程，杭波爾主教只問：「為什麼我們要重新打開傷口？為什麼我們要回憶過去？我們早就打開傷口，因為它們從來就沒有癒合過。表面上的治療只會讓傷口再次爆開，我們必須得重新審視所有事件，才能好好治癒。」

換句話說，只有在理解之後，真誠的道歉才能帶來治癒。

## 道歉的時機

當我們把事情搞砸時——傷害了朋友，而且是我們錯的時候，該怎麼辦呢？每個遇到兩個孩子爭吵的家長、教練或老師都知道該怎麼做。首先且最重要的是，你一定要道歉。道歉是解決衝突的首選方案。

但道歉比我們想象的要複雜得多。僅僅說一句「對不起」是不夠的。最有效的道歉就需要遵循一種儀式的順序和模式。用於解決鄰里之間糾紛的道歉方法不外乎這十種必要元素：道歉聲明（這是大多數人講完就停下來的地方）、說明過錯、承擔責任、嘗試解釋過錯、表達情感、處理對方的情緒或損害、承認過錯、承諾不再犯、提供補償、請求接納——正式請求對方接受道歉。以「如果我的行為讓你受到了傷害，我很抱歉」開頭的道歉，就是無法承擔責任，承認過錯。這並非承認自己的行為是錯的，而是暗示被冒犯的人反應過度。

這個區別涉及了成功道歉的一個核心概念——讓對方感覺你理解他，並明白他為什麼會受傷。衝突解決的專家用「成熟度」（ripeness）來描述一個人是否準備好接受道歉——而要達到這個成熟度，我們需要感覺到對方確實理解了那股疼痛。在一項研究中，受試者被要求回憶自己曾被冒犯的時刻，結果顯示，在道歉之前，冒犯方必須先滿足一些其他需求，例如「詢問問題好了解我在說什麼」以及「理解我的感受和看法」。不幸的是，先發制人的道歉在現實生活和大眾文化中太常見了。當電視上的兩個父親突然試圖承擔責任時，有人這樣對托尼・索普拉諾（Tony Soprano）❶說：「你不知道自己是為了什麼說抱歉。」而荷馬・辛普森（Homer Simpson）❷也聽到：「你甚至不知道為什麼要道歉。」理解是如此重要，以至於當人們在未理解之前就道歉，那句道歉通常會被視為無效，彷彿根本沒有說過。

成功傳達的道歉可以讓我們開始走上調解的路，但通常這只是第一步而已。這可能正是為什麼有這麼多文化會有一些動作，把這些動作當作調解的跳板。如果要說有什麼單一動作可以同時帶有理解和善意，那就是握手。如果你能真誠地道歉並握手，這個簡單的動作往往比言語更有說服力。

握手是我們最普遍的儀式之一——簡潔，但卻有著心理學上的影響力——可以應用在多種場合，從與親家見面到在棒球比賽上展現運動家精神，從協商的開始與談判結束，都少不了它。國際政治也有隱藏的握手角力——特別是偶然出現的握手禮儀犯規。二〇〇五年，美國總統喬治．W．布希（George W. Bush）在與斯洛伐克官員握手時忘記脫手套，無意中冒犯了對方；二〇一三年，哈桑．羅哈尼（Hassan Rouhani）❸拒絕與美國總統巴拉克．歐巴馬握手，當時被認為是「歷史性的不握手」，並被認為「不可避免地破壞了協商關係」。另一方面，成功完成握手儀式通常會被視為友好的證據。二〇一四年，日本首相安倍晉三和中國國家主席習近平會面，唯一的目的就是握手，媒體指出這個「小動作具有重大意義」。

而如此平凡的動作是怎麼蘊含如此大的重要性呢？正如瑪格麗特．愛特伍德（Margaret Atwood）❹所說：「在視線交錯、言語交流之前先碰觸到對方，這是第一個語言，也是最後一個，而且這動作總會表明真相。」握手是任何人在任何場合，只要面對面就能完成的動作。握手的起源模糊不清，但最常見的兩種解釋皆反映了簡單和平等：一是兩隻手的交握象徵不可破壞的誓言；二則是乏味但實際一點的說法是，握手就可以確保對方手裡沒有藏著匕首。

而如今，我們袖子裡已經不再藏有匕首了。那麼，為什麼我們還在握手呢？

在一段緊密的關係裡——比如家庭或婚姻關係——自然會有信任存在：我想了解你的想法，也相信你在試圖了解我的想法。但這種信任不見得會在陌生人之間出現，而握手就表明了，即使我們彼此不認識，還是願意互相交流。這可以減少緊張，開始建立起關係。

也就是說，在開始和每個遇到的人握手之前，你可能需要和朋友練習，因為老祖宗說，堅定的握手才是尊重。在一項研究中，學生在模擬求職面試開始前握了手，那些「握力不足」或「握的時間很尷尬」的學生，都被對方評為比較消極，甚至被認為不太適合這個職位。

握手是我們用來建立信任的小儀式之一，我們還會用很多其他簡單的動作來尋求理解或和解，每個動作都有其背後的道理。比如擊掌。儘管現今擊掌如此廣泛流行，但這其實是一九七七年由棒球選手達斯底·貝克（Dusty Baker）發明的儀式。他在擊出全壘打後，看到一位隊友舉起雙手，便決定跟對方拍一下。這樣一個當時隨意的動作傳開後，進一步變成了有意義的儀式。

或是一個簡單的擁抱。當我們擁抱一個朋友，其中的化學效應是很深遠的。一開始我們會「在肌肉緊繃和放鬆之間，以環形姿態做出平順的彎曲移動」——但是當擁抱時間過長時，我們便會退開或拍拍對方的背部快點結束。

再比如一個輕鬆的散步。為什麼全世界的國家領袖會一起散步呢？為什麼美國總統會和國會代表逛玫瑰園呢？即使只是並肩走路，也能緩和互動並促進合作。研究指出，當人們並肩行走時，他們的動作會自然而然地同步，進而體驗到「共享的關注」（看著相同的事物），這有助於他們開始理解彼此的觀點。

道歉、握手和擊掌都有它們的作用，但許多衝突仍需要更強有力的解藥。和解儀式不僅是我們努力理解彼此、尋求和諧、達成共識，也是將不同群體聯繫在一起的重要途徑。那麼，要如何在迥異不同且經驗不一樣的團體本來的鴻溝上搭建橋梁呢？

## 讓一加一等於一

想想所有只有你和朋友們才會懂的笑話——所有簡略、不明所以的詞語已經都慢慢有其意涵。只要一個眼神或挑眉，好朋友就能明白你的意思。而要花多少時間才能建立起這種程度的理解呢？是什麼時候友誼也開始有了迷你版的文化現象？

心理學家和社會學家一直對群體是怎麼形成、凝聚以及打造自己獨特文化超感興趣——還有文化相牴觸時會發生什麼事。二〇〇〇年代初期，研究人員羅貝托・偉柏（Roberto Weber）和科林・卡麥勒（Colin Camerer）發明了一個很厲害的遊戲來研究這些問題。這個實驗有點類似家庭聚會時玩的遊戲，比如「名人遊戲」（Celebrity）[5]，每一輪遊戲會愈來愈緊張，也愈來愈好笑，因為雙方最後會亂發明文字跟手勢，來強化第一輪已經出現的線索。

想想你現在組了一小隊，只有兩個人。你是「主管」，而你的隊友是「員工」。

你們每個人都有一組十六張圖片，每張都是不同的辦公室場景。這十六張圖片都有一些共同之處——人物、家具和米色調——有些細節則不太一樣，像是人物性別、種族和穿著，還有他們的動作，像是和別人交談、講電話或是在電腦前面工作。遊戲開始時，你身為主管，會依序拿到八張圖片，你可以用任何方式描述圖片，好讓你的員工隊友猜中你手中有哪些圖片、順序是怎樣。你們需要一起玩這個猜圖片的遊戲，共進行二十輪，根據你們能多快地辨認出圖片來計算報酬。

遊戲一開始，你們的團隊很快就會發展出自己的語言，讓任務進行得更有效率。舉例來說，遊戲的第一輪裡，你們可能會稱某張圖片是「有三個人：兩男一女。女的坐在左邊。他們看著兩台電腦，上面有一些PowerPoint圖表。兩個男人都繫著領帶，女人是金色短髮。其中一個男人正手指著圖表。」

遊戲幾輪過後，你們開始簡潔地講述圖片是「PowerPoint」。

然後會開始出現驚喜：這個兩人「公司」開始和另一個兩人公司合併，而遊戲將與這些新夥伴繼續進行下去，只是隊友增加新的人。現在問題來了，記得我們剛剛光靠「PowerPoint」就很有效率地描述特別的圖案嗎？另一組也同樣有效地用最少的詞彙描述同樣的圖片，但使用的卻不是同樣的話語。我們用「女人坐著，微笑」，另一組則用「男人，拱背」。這個擴大的團隊不得不努力尋找一種新的共通語言。

合併後到底發生了什麼事？原本建立的那些獨特語言——在遊戲第一部分非常有效率，可是現在有新的隊員和不同的語言，讓新的公司在第二部分的速度減慢了。我們可以再想像一下，主管很挫敗地不斷大喊著「PowerPoint！」而剛加入的新員工卻感到困惑不解。其實這些新來的人並沒有做錯什麼，但他們無法理解這種獨特的語言（和文化）就讓主管非常生氣。而這些被「合併」過來的員工對新主管的評論，會比本來的主管差得多，因為新主管不是個「優秀的溝通者」。

這當中缺少的就是團體認同和理解。感到被理解其實與我們的情緒，甚至與我們的身體健康息息有關。在一項研究中，人們回答了關於自己一天的問題，內容包括：「你對今天的生活滿意嗎？」還有「在與他人的互動中，你覺得自己被理解的部分有多少？」人們會在覺得自己被理解的時候更加滿意——也比較不會回報負面的身體狀況，好比頭痛、胃痛或暈眩。

這個研究像是個縮影，能夠了解為什麼融合不同文化時，衝突會如此容易爆發。兩家公司的合併、兩個家庭的結合，甚至朋友團體聚在一起時——每一個人都帶來自己才知道的笑話、回憶和儀式，隨時都可能會引起摩擦衝突，我們要如何把兩者合而為一呢？

研究人員唐恩・布萊斯維特（Dawn Braithwaite）、萊斯里・巴克斯特（Leslie Baxter）和安納利斯・哈波（Anneliese Harper）想要弄清楚這個問題，特別是關於融合家庭這塊。在試圖結合兩個家庭時，父母通常會希望建立新的事物，但孩子們則傾向於保留他們出生家庭的傳統。為了了解哪一種儀式有用，哪一種沒用，布萊斯維特、巴克斯特和哈波就問了二十對繼父母和三十三位繼子女，他們在結合新舊家庭時是如何處理緊張的關係及氣氛。就如這個繼女的經歷一樣，可能會變得很糟：

> 在本來的家裡，每個星期六晚上我們固定會去同一間餐廳。那是媽媽最愛的餐廳。每次都坐在同一桌，由同一位服務生招待。後來我爸再婚了，我們也繼續這麼做。直到有一天，我不小心說了出來：「這是我媽最愛的餐廳！」然後繼母就說：「好，我們以後不來這裡了。」於是我們換了一家新的餐廳，我甚至都不記得新餐廳的名字了。但那裡和之前的感覺完全不一樣。感覺糟透了。

節日和慶祝活動也很可能變成忠誠之爭：要嘛你支持我（和我的儀式），要嘛你支持對方（和他們的儀式）。真正合併成功時——兩個家庭結合同時都保留各自的特色——而不是一場充滿敵意的併購。

有一個辦法就是繼續尊重這些既有的儀式。同個研究裡有一位繼父就說，他願意接納妻子家裡的儀式，但他表示：「他們家除夕夜一定要吃豬肉和酸菜，而且酸菜一定要是生的。我很受不了，我很討厭這個！但我還是會做。」儘管他很不喜歡，但他還是堅持參與，他說：「因為這讓我們感覺到凝聚力、彼此羈絆的感覺。」其他人則是很明確的讓新的家庭成員也融入既有的儀式中，例如，有個繼父要為繼女挑選個人化的耶誕禮物，就如同他會對自己兒子做的一樣，這讓繼女覺得：「感覺我是他女兒……不是繼女，就跟他的兒子一樣。」

許多家庭會選擇第三種合併的方法：他們一同創造新的儀式。最好的方法通常是保留舊儀式的一些元素，承認過往儀式的重要性，同時給新儀式足夠的原創性，彷彿這就是家裡的儀式。舉例來說，有繼母提到她的新家庭每年都會一起做自己的聖誕裝飾品，每個新飾品，就都標記著他們成為一個（新）家庭的歲月：

> 這時候感覺就像是團結友愛的時刻，大家一起合作，一起回憶過去的節日和聖誕節，以及我們共度的假期。當我們完成時，總是會驚訝地發現，「哇，我們真的做出了這個，看起來好厲害！」你知道，每個人都對這件事有所貢獻。

當父母離婚與新的伴侶結婚，孩子往往感到自己被迫在家庭中做出選擇，這只會增加他們消化父母分手的困難。不過，當孩子能夠保留原有家庭的儀式，或者當繼父母歡迎他們參與現有的儀式，或者最終，當家庭共同創建了一些感覺彼此共享且獨特的新儀式時，孩子就能減輕部分情感負擔。這些儀式鞏固了新家庭的紐帶；他們共同擁有這些儀式，這也讓他們成為全新的一家子。

這種用來融合家庭的策略，也是合併企業時最佳的做法。**最成功的合併結果通常是在保留一些舊元素、放棄一些，並創建新共同基礎，使其成為新組織獨有的特色。**

有一個研究探索了五十間美國和瑞典合併的公司企業，將其合併效果用指數表評分，從「成功的合併」到「文化融合程度非常低」，後者基本上是雙方持續強烈的文化衝擊，幾乎沒有共同的組織文化。贏家和輸家之間的差別是什麼？研究人員發現，「幾乎只有一件事很重要：讓受影響的員工參加特定的活動，例如自我介紹活動、培訓、跨部門訪問、參加研討會、慶祝活動和其他社會化活動。」是的，重要的是要利用儀式將雙方吸納進來。這樣做，並將員工放在這些儀式的最前方，創造出一種從底層開始的共同理解感。儀式的好處適用於各種不同類型的合併——無論是美國還是瑞典的公司、小型還是大型公司。值得一提的是，由員工創建的儀式比起「正式」的合併活動更重要，比如執行改革小組或人事輪替。

高階主管教練布萊恩．哥爾曼（Brian Gorman）就描述了一個完美體現合併而非併購的企業案例——該企業成功地將新舊元素融為一體。員工們被要求拿起一張便條紙，寫下他們合併時想丟棄的部分，以及希望保留到新公司的事項，然後他們將「要放棄」的紙條丟入火中。幾天後，合併好的公司集合大家，想定義全新的身分認同，主管們鼓勵員工大聲唸出「保留」的便條紙，然後貼在牆上。這正是一個一次打造共同身分認同的方式。

這只是個聰明的點子，還是真有用呢？答案在員工的反應中。在活動期間，公司拍攝了「保留」牆的照片，並把將其提供給了員工。幾年過去了，有些員工仍將這些照片設置成他們電腦桌面的桌布。

## 癒合過程

當兩個家庭或公司結合時，情況可能看起來像一個爆炸物——但目前還沒有人引爆。但當火星飛濺，火焰熊熊燃燒，濃煙籠罩在空中時，我們該怎麼辦？我們該如何克服宛如經過焦土政策的衝突：一段彼此傷痕累累的婚姻，吵了數十年之久的家庭紛爭，甚至是橫跨大陸、文化，長達幾世紀的不公義？

一九一〇年，埃里克・米約貝里（Eric Mjöberg）犯下了一件可怕的罪行。他是個住在澳洲的瑞典人，但他帶著一些從原住民土地上偷來的挖掘物飛回了瑞典。他偷走的並非藝術品或金銀財寶——而是更糟糕的東西。米約貝里偷走了十五個頭骨和遺骸，後來存放在斯德哥爾摩的民族博物館收藏。這起罪行將近一百年的時間都沒有受到處理，直到二〇〇四年，該博物館終於回應了正義訴求，將偷來的遺骨送回澳洲，並面對這種文化的損失。

儘管遺骨回到了澳洲，但這也不能偷偷進行就好，因為這個創傷依然無法痊癒。於是，澳洲原住民代表團成員和博物館員工攜手共創了一場意義深遠的歸還儀式，讓這次歸還不僅是回家，還能讓瑞典人深刻體會所帶來的損失。結果該典禮——澳洲原住民通常拿來淨化靈魂的儀式——成為兩國共同努力，刻意想連結兩個文化，與最初的罪行形成鮮明對比。一位旁觀者這樣描述道：

> 不久，清香的白煙在翠綠的樹影中緩緩升起：那一刻，感覺好像特別有意義，因為它將來自不同地區植物的煙霧融合在一起。有一根獨特的綠色樹枝——「櫻桃樹」——據說是從澳洲搭飛機帶來的。其他樹枝則是由館長從斯德哥爾摩列島其中一個島上帶來的。「澳洲原住民」代表團裡一位白鬍子領袖嘴裡叨念著簡潔但溫暖的詞語，表達了能將祖先帶回真正的歸屬地很開心。然後有個人開始吹奏迪吉里杜管（didgeridoo）[6]，接著就是穿越煙霧的時候。

對澳洲原住民代表團而言，重要的是能完全彰顯他們的身分認同，並讓對方理解過去因為忽視而造成認同和錯誤。為了承認這起罪行的沉重，還有一位重要的參與者：埃里克．米約貝里的後代洛蒂．米約貝里（Lotte Mjöberg）。洛蒂親自把運送箱蓋子封起來，盡可能地扭轉她祖先做的行為。因為這個罪行太嚴重，因此在這個儀式上，必須得靠實質的肢體動作解除以修復心理上無法抹滅的創傷。

澳洲原住民們帶著瑞典的敵人參與自身傳統的儀式——然後還結合了一些瑞典元素——這可能有點出人意料。但這是治療儀式的一大特色，與融合家庭或企業合併的儀式有很多共同之處。其目的在於，讓所有參加的人能夠真的參與其中，共同承擔責任。共享原罪行的責任固然重要，不過要解除雙方之間的障礙，讓彼此修補心靈的傷痛同樣重要。回想一下南非的反種族隔離儀式：除了需要真相和釐清外，還需要創造一個新的儀式，能夠成為新國家共享的象徵，讓未來超越過去的傷痛。

在所有這些場合，都是覺得對方理解自己，我們才能與其他群體和解或感受到自己是其中一分子。在一項調查中，超過五千位蘇格蘭人被問及是否支持蘇格蘭獨立，他們的答案取決於是否覺得英格蘭人理解蘇格蘭的價值觀和觀點。最終想要維持（或離開）的最佳指標並不是對英格蘭人的喜好，而是他們認為對方理解自己的程度。當人們覺得自己被理解時，更有可能想要讓聯盟運作良好，繼續做大國的一部分。

修復不同群體間分歧的儀式通常都是為了打造一種共同身分——但實現這一點通常需要先承認每個群體的獨特身分。《哈佛這樣教談判力》（Getting to Yes）[7]一書的作者威廉・尤瑞（William Ury）也是衝突談判專家，他曾參與過多次的以阿談判，就指出，在最具挑戰性的談判中，個人尊重經常被忽視。「身為協商者，這是能做出的最廉價讓步——不用花一分錢——但是令人驚訝的是，我們通常都不會『把它』讓給對方。」儀式提供我們一套共同行動，讓我們可以展現尊重和理解，開啟新的開始。這對於國家和大型組織都是如此，甚至對於解決國內長期存在的分歧也是至關重要的。

湯姆和莎根・路易斯（Tom and Sagan Lewis）在離婚二十二年後，竟然在他們的第一次結婚紀念日後的三十五年又一天舉行了再婚典禮。（他們本來就很熱衷各種儀式，一九九三年離婚時，還曾經舉辦過「最後紀念日派對」（Final Anniversary

Party），向賓客說：「如果你真的要帶禮物來，請記得帶兩份喔。」）

重新再與同一個人結婚很罕見，但根據婚姻諮商師米雪兒・韋拿－戴維斯（Michele Weiner-Davis）指出，這種情況通常是因為雙方「帶著新的成熟和願意學習如何解決當初的糾紛……他們更願意思考各自可以做些什麼來避免重蹈覆徹。」湯姆和莎根因為離婚而錯過彼此二十年，但他們重新結縭是因為他們很清楚，以前的自己只顧著忙於對抗對方，而沒能在第一次的婚姻一起合作。他們必須理解是什麼事情阻礙了他們，以及要實現「永遠幸福美滿」需要做些什麼。他們重新懇求更理解彼此，包含這段在（第二次）婚禮邀請函上的文句：「二十二年後，離婚的計畫泡湯了。」

儀式有兩面刃：它們可以凝聚我們，為我們共同的努力賦予意義；同時，它們也可能用來分裂，讓我們對那些擁有不同儀式的人產生不信任。不過，當塵埃落定後，儀式還是可以幫助調停和解。儀式能鼓勵參與者理解它——通常是使理解成為儀式的一部分，讓參與者有機會說出自己的真心話，並聆聽對方的心聲。不管是再婚、融合家庭、企業合併及併購，還是渴望尋求和平的國家，和解儀式都是翻開新篇章、重新開始的關鍵。

---

❶編註：托尼・索普拉諾（Tony Soprano）為HBO犯罪電視劇《黑道家族》的主角。

❷編註：荷馬・辛普森（Homer Simpson）是美國動畫情境喜劇《辛普森家庭》中的爸爸。

❸編註：哈桑・羅哈尼（Hassan Rouhani，一九四八～）為伊朗第七任總統，任期二〇一三年八月三日～二〇二一年八月三日。

❹編註：瑪格麗特・愛特伍德（Margaret Atwood，一九三九～），加拿大詩人、小說家、文學評論家。

❺譯註：「名人遊戲」（Celebrity），玩家分組競賽，要在限定時間內盡可能猜對名流的人名，猜對愈多的人獲勝。

❻編註：迪吉里杜管（didgeridoo）是源自澳大利亞原住民的管樂器，迄今已有至少一千年的歷史。

❼編註：《哈佛這樣教談判力》（Getting to Yes）繁體中文版由遠流出版社於二〇一三年出版。

# 【後記】充滿儀式的生活

現在是星期一早上。在太陽升起之前，芙蘭奈莉．歐康納正在以晨禱和一壺熱咖啡開啟她的一天；瑪雅．安傑洛正打開旅館房門，而所有藝術畫作已經從牆上撤下。另一位遠在他方的女士則把自己的智慧型手機放在床頭，然後拉開窗簾，深吸一口氣，思忖著這新的一天；與此同時，一位男士走進浴室，把水龍頭轉到最冷的位置，然後他掬起滿滿的冰水三次——一定要三次——潑在自己臉上之後，用活力擁抱這新的一天。

大概是早上九點左右，維克多．雨果脫光衣服之後，命令僕人把衣服藏起來，直到他完成了當天的寫作目標。與此同時，一名行銷長正與她的團隊開會，沈浸在週一早上的「分享」時間，每位成員都要分享週末做了什麼精彩的事。她喝了第二杯咖啡

——第二杯咖啡一定是在辦公室裡喝，因為她把母親兒時使用的馬克杯放在自己的辦公桌抽屜裡。她會品嚐咖啡的香氣，手指沿著馬克杯上刻鑿的陶瓷杯緣撫摸，這動作總讓她想起母親的那雙手。

下午三點半，當伊曼努爾．康德帶著自己的西班牙手杖出門去散步時，一位基金經理人可能正開始為他這一年中最重要的演講做準備。他跑進辦公室，進行他獨特的一系列致敬太陽的儀式，這總是讓他感覺更自信和放鬆。他離開辦公室時——一定是右腳先出去——輕輕地敲了三下門上的標誌以示好運，然後進入已經坐滿同事和客戶的會議室。

一整天工作結束後，大約就是阿嘉莎．克莉絲蒂泡浴缸吃蘋果的時候了。一位小學老師剛回到家，趕緊脫下辦公室的衣服，洗了一個很久的澡，想把一整天的煩惱都洗掉。她幻想著對一個問題學生的擔心和焦慮會沿著身體滑下，跟著轉動流入排水孔。晚餐時，她的孩子會帶領全家人輪流分享今天的「玫瑰、花苞和刺」（rose, thorn, and bud）——每個人都要說出當天一件開心的事情、一件不太順利的事情，還有對明天的期待。她深吸了一口氣，告訴家人她今天最開心的就是能和他們一起共享晚餐的美好時光。

這一天即將過去。查爾斯・狄更斯掏出隨身攜帶的指南針，確保自己的床鋪是朝向北方。一位年輕的母親正用同樣的兩本書和四首歌哄孩子睡覺。而住在世界另一端的外婆正點了蠟燭，感謝身體保持健康；在足球比賽後筋疲力盡的青少年，仍然有力氣依照他的習慣穿上睡衣，這樣才能讓他感到舒適、平靜——他一定會先穿上衣，才穿褲子，左腳先再來才是右腳。這個世界裡每一個地方都是用「剛剛好」的方式結束這一天。

這些簡單的動作可能無法改變外在環境，但它們確實影響了我們每個人的內在。不論儀式是否讓我們感受到擁有的心情、肯定了身分歸屬感，還是增加了生活意義的感受，儀式都是人類最棒的工具之一，能在恰到好處的時刻給予正確的情感或心理效應。儀式無處不在，賦予我們平凡行為不凡的力量。我們每個人都在過著充滿儀式的生活。

不論我們是從世界上最偉大的表演者、科學家、藝術家還是運動員那兒得到啟發，在表演前都會做些特別的儀式，還是在工作和家庭中保持連結和承諾，又或者是尋找調適失去的方法，儀式效應都在提醒我們，這些奇怪的反覆行為之所以存在，是因為我們人類一直依賴著它們。這些儀式隨時隨地都適用於我們每個人——我們只需要付出一些努力，甚至更好的是，加上一點點我們的個人特質，就能召喚出儀式的特殊魔力。

這就是二十一世紀儀式帶來的巨大機會。儀式為我們提供了一種讓生活更加豐富多彩的方式。走出去盡情試驗吧！每一天，那些平凡無奇的行動都可能變得不再平凡。今天你做了什麼可以愛、可以欣賞、可以笑、可以哀悼、可以品味、可以體驗的事呢？你明天還能多做些什麼呢？

# 致謝詞

我想向以下傑出的人們表達我的感恩與感謝：

所有在儀式研究上參與合作的夥伴們。這可是一個不尋常的主題，感謝你們每一個人都願意在自己的履歷上註記這一個經驗。

我的經紀人艾莉森・麥肯金（Alison MacKeen）和賽勒絲特・范恩（Celeste Fine），正是因為你們對這本書的主題抱持著信念，我才毅然踏上了寫作之路。

我的編輯瑞克・霍爾根（Rick Horgan）和南・葛拉罕（Nan Graham），有你們兩位的幫助，這本書才能更引人入勝，對讀者更實用。

艾莉森・麥肯金、坎貝兒・施奈布里（Campbell Schnebly）、瓊・考克斯（Jon Cox）和安・瑪莉・西里（Ann Marie Healy），你們幫助我創作、引導，並梳理本書

的所有想法，讓這本書看起來更有智慧。（按出現的順序）

感謝諾馬・海爾斯坦（Norma Hellstein）的專業校對，以及凱蒂・波蘭德（Katie Boland）的幫忙整理，柯瑞・包威爾（Corey Powell）和彼得・古札爾迪（Peter Guzzardi）為本書架構提供了寶貴的反饋，還有克里斯・麥克葛洛里（Chris McGrory）協助追蹤書內的範例。

另外我想感謝選修我在哈佛三堂大一研討會上的學生，我們對於儀式在我們生活中的角色進行了許多有趣的討論，否則我就無法參考到本世紀的任何文化事件。

最後，特別感謝我的父母、兄弟姐妹，還有整個愛爾蘭天主教的家族，感謝你們給予我的儀式，還有我和朋友們共同創建出來的種種儀式。

國家圖書館出版品預行編目 (CIP) 資料

儀式效應 / 麥克 . 諾頓 (Michael Norton) 著 . -- 初版 . --
臺北市 : 商周出版 : 英屬蓋曼群島商家庭傳媒股份有限
公司城邦分公司發行 , 2024.07
面 ; 公分
譯 自 : The ritual effect : from habit to ritual, harness
the surprising power of everyday actions
ISBN 978-626-390-176-6( 平裝 )
1.CST: 態度 2.CST: 習慣 3.CST: 習慣心理學
176.74 113008065

BO0356

# 儀式效應

## 超越原子習慣的日常儀式，讓你的關係、人生與事業脫胎換骨！


作　　者／麥克 • 諾頓 (Michael Norton)
譯　　者／游卉庭
責任編輯／陳冠豪
版　　權／吳亭儀、江欣瑜、顏慧儀
行銷業務／周佑潔、林秀津、林詩富、吳淑華、吳藝佳

總 編 輯／陳美靜
總 經 理／彭之琬
事業群總經理／黃淑貞
發 行 人／何飛鵬
法律顧問／台英國際商務法律事務所
出　　版／商周出版　臺北市南港區昆陽街 16 號 4 樓
電話：(02)2500-7008　傳真：(02)2500-7759
E-mail：bwp.service@cite.com.tw
Blog：http://bwp25007008.pixnet.net/blog
發　　行／英屬蓋曼群島商家庭傳媒股份有限公司城邦分公司
台北市南港區昆陽街 16 號 8 樓
書虫客服服務專線：(02)2500-7718 • (02)2500-7719
24 小時傳真服務：(02)2500-1990 • (02)2500-1991
服務時間：週一至週五 09:30-12:00 • 13:30-17L00
郵撥帳號：19863813　戶名：書虫股份有限公司
讀者服務信箱：service@readingclub.com.tw
歡迎光臨城邦讀書花園　網址：www.cite.com.tw
香港發行所／城邦（香港）出版集團有限公司
電話：(825)2508-6231　傳真：(852)2578-9337
E-mail：hkcite@biznetvigator.com
馬新發行所／城邦 ( 馬新 ) 出版集團【Cité (M) Sdn Bhd】
41, Jalan Radin Anum, Bandar Baru Sri Petaling,
57000 Kuala Lumpur, Malaysia.
電話：(603)9056-3833　傳真：(603)9057-6622
email: services@cite.my

封面設計／黃宏穎　　內文排版／陳姿秀
印　　刷／鴻霖實業有限公司
經 銷 商／聯合發行股份有限公司　電話：(02)2917-8022　傳真：(02) 2911-0053
地址：新北市 231 新店區寶橋路 235 巷 6 弄 6 號 2 樓

■ 2024 年（民 113 年）7 月初版

Printed in Taiwan
城邦讀書花園
www.cite.com.tw

定價／450 元（紙本）　335 元（EPUB）
ISBN：978-626-390-176-6（紙本）
ISBN：978-626-390-174-2（EPUB）